Modernité et christianisme

ANTOINE VERGOTE

MODERNITÉ ET CHRISTIANISME

Interrogations critiques réciproques

LES ÉDITIONS DU CERF
PARIS
1999

(29, boulevard La Tour-Maubourg
75340 Paris Cedex 07)

ISBN 2-204-06187-5
ISSN 1158-7571

Avertissement

Les essais réunis dans ce volume ont fait l'objet de conférences qui ont eu lieu à Barcelone, à l'invitation de la Fundacio Joan Maragall, ainsi que d'une édition originale en catalan. Le chapitre VI a été ajouté dans l'édition française.

J'avais accepté avec plaisir et intérêt l'invitation de la Fundacio Joan Maragall, car j'avais la conviction que « modernité » est un véritable concept désignant une mutation profonde et irréversible de l'humanité occidentale. Dans les discordances d'idées dont fourmille cette époque, dans les désordres religieux, dans les différences d'intérêt et de méthode scientifique, on peut repérer une unité, un foyer commun d'où sortent et où se rassemblent les perspectives que les hommes prennent sur le monde, sur l'existence, sur la religion. Il fallait, par approches successives, rejoindre ce foyer et faire ainsi apparaître l'importante transformation que l'humanité occidentale a accomplie en ces quatre derniers siècles.

Le terme « post-modernité » n'apparaît quasiment pas dans ces essais dont l'intention est pourtant d'élucider notre temps et de nous comprendre nous-mêmes. À part son usage dans les écoles d'architecture où il est né dans les années soixante, ce mot ne m'a jamais paru désigner plus que des annotations, critiques et intéressantes, dans les marges de la modernité. Aucun critère solide, je pense, ne permet d'affirmer que nous sommes entrés dans la « post-modernité ». Des désirs nostalgiques d'une nouvelle humanité n'en effectuent pas pour autant une mutation profonde.

Je remercie vivement la Fundacio Joan Maragall pour son invitation, pour son accueil, ainsi que pour la liberté qu'elle m'a gracieusement accordée de publier ces textes en français, parallèlement à la publication en catalan dont elle s'est chargée.

INTRODUCTION

Comme le titre général le donne à entendre, il s'agira ici de la confrontation entre la religion chrétienne et la modernité. Cette confrontation domine les quatre derniers siècles de notre civilisation européenne. Elle a son lieu natal en Europe, elle est largement propre à l'Europe, mais elle s'est diffusée depuis notre continent. Ce n'est évidemment pas un hasard. Je pense même que cette confrontation est une sorte de fermentation produite par les éléments qui composent la civilisation européenne. L'histoire de l'Europe a, en effet, été façonnée par la rencontre des trois composantes majeures que sont la pensée rationnelle grecque, la civilisation juridico-politique romaine et la religion chrétienne. La lente compénétration de ces trois facteurs a déterminé pendant quinze siècles la civilisation de l'Europe et elle a eu une immense importance pour l'histoire universelle de l'humanité. Au XVIIe siècle une nouvelle manière de penser, de juger, de sentir, de voir le monde, s'affirme en plusieurs domaines. On a qualifié cette nouvelle culture de « moderne ». Elle a profondément bouleversé la civilisation chrétienne, même si les premiers penseurs de la modernité n'étaient pas hostiles à la religion chrétienne, loin de là. Ni Grotius, ni Descartes, ni Galilée ne voulaient s'en séparer. Mais il y avait dans la modernité un dynamisme interne qui a provoqué de très graves conflits, non seulement et sans doute pas d'abord avec les autorités religieuses, mais avec ce que résume l'expression « la mentalité chrétienne » ; même avec la foi chrétienne comme telle.

Plusieurs chapitres seront consacrés à l'analyse des divers aspects de la modernité. Nous commencerons par voir comment, en philosophie, la radicalisation de l'esprit critique brise l'accord que le Moyen Âge chrétien avait forgé entre la théologie et la rationalité philosophique. L'examen du cas Galilée nous montrera ensuite que la conception scientifique de l'univers tend à exclure l'idée d'une initiative divine dans le monde. Certaines conceptions ont essayé d'intégrer la figure de Jésus-Christ dans un monde conçu comme rationnellement limité. La nouvelle anthropologie, pour sa part, fait s'interroger avec suspicion sur les sources mêmes de la religion. Les sciences humaines, enfin, mettent en question la lecture théologique classique des évangiles. Ainsi, plusieurs chapitres mettront la modernité sous l'éclairage d'une discipline déterminée. Ce parcours fera ressortir la convergence des tendances et donnera sa légitimité au groupement des exposés sous l'enseigne de « modernité ». C'est par cette convergence des idées que la modernité a introduit une crise profonde et spécifique dans la communauté chrétienne, mais aussi qu'elle a aidé de nouvelles conceptions chrétiennes à émerger, entre autres par une lecture des évangiles plus attentive à l'humanité de Jésus et à son histoire personnelle et singulière de transfiguration.

Les changements fondamentaux dans les esprits et dans les sensibilités sont toujours des processus de très longue durée. C'est vrai pour l'individu comme pour la société. L'expérience des conversions religieuses en est un exemple. Ainsi j'ai connu à l'université quelques personnes qui n'avaient eu absolument aucune éducation religieuse, des personnes pour qui la foi chrétienne était alors aussi éloignée de leur univers mental que le sont pour nous, par exemple, les mythes et les rites des Aztèques des XVe-XVIe siècles au Mexique. Par des contacts personnels et par des lectures et des conférences, ces personnes ont découvert le sens et le contenu de la foi chrétienne, et très lentement leur sensibilité s'est transformée et mise en harmonie avec la pratique de la prière et du culte chrétiens. Quand il s'agit d'une collectivité culturelle, ce processus s'étend évidemment sur une durée beaucoup plus longue. Rien d'ailleurs ne le montre aussi fortement que l'histoire biblique. Si Jésus-Christ avait dû proclamer les béatitudes à la peuplade rude, barbare, guerrière qui accompagnait Moïse, le prophète fondateur du monothéisme au XIIIe siècle avant J.-C., elle n'aurait rien compris. Jésus aurait tout aussi bien pu parler à des canards ou à des panthères. Les chrétiens, surtout les catholiques, sont si fermement formés dans une doctrine religieuse raisonnée et argumentée que la plupart ne voient même plus combien, dans le peuple judaïque, la transformation de l'esprit collectif et de la sensibilité a été lente, très lente, chaotique souvent, pleine de crises.

Ma conviction est que la crise actuelle dans les Églises en Occident, surtout en Europe, est l'effet de la progressive pénétration de la modernité dans toutes les couches de la population. Les milieux non intellectuellement formés y étaient moins préparés que la population qui a pu jouir d'une éducation intellectuelle supérieure. La diffusion d'une modernité souvent opposée à la foi chrétienne a été faite par les médias et a été favorisée par le mode de vie caractérisé par une richesse et un confort qu'on n'avait jamais connus dans l'histoire. Les idéologies critiques de la religion, les idées de libération sexuelle, les conceptions positivistes, les explications rationalistes, souvent simplistes, des religions…, tout cela accompagne la modernité qui a envahi l'Occident. La crise religieuse qui en a résulté est bien connue : déclin de la pratique religieuse, recul de la foi en Dieu, forte diminution des vocations religieuses. En s'appuyant sur les chiffres de leurs enquêtes, les sociologues démontrent le déclin réel de la religion chrétienne. Des journalistes hostiles aux Églises aiment répéter et mettre en vive lumière cette réalité sociologique. Ce qui me frappe régulièrement, c'est que les populations américaines semblent être moralement plus résistantes et religieusement mieux armées pour répondre aux défis de la modernité, aux *challenges* comme disent certains.

Je ne nie pas les faits, loin de là. Personnellement, je préfère cependant parler de crise plutôt que de déclin. Cela pour deux raisons. Premièrement, pour une raison qui tient à la technique de l'observation sociologique. La méthode des grandes enquêtes ne peut donner que des moyennes faites sur de larges populations. Elle néglige nécessairement les nouvelles initiatives dont la qualité de vie est souvent porteuse de l'avenir. Il en est ainsi et il en a toujours été ainsi dans l'histoire des arts, des sciences, de la philosophie et du christianisme. On songe, pour commencer, au cas le plus étonnant, celui de Jésus de Nazareth. On songe aussi à plusieurs cas saisissants dans l'histoire chrétienne : saint Augustin, François d'Assise, saint Bernard ; à Ignace de Loyola également, qui, après sa conversion, va avec quatre ou cinq compagnons habillés comme des pauvres incultes, trouver le pape et lui dire sa volonté de restaurer l'Église en décadence. Deuxièmement, si je préfère parler de crise, c'est parce que je suis convaincu que la modernité peut être un stimulateur important dans le renouvellement de la vie et de la pensée chrétiennes. Je crois même que la re-naissance de la vie chrétienne a commencé et est en train de s'accomplir. Peut-être qu'au terme de cet ouvrage vous serez de mon avis.

Dans mes analyses, je considérerai particulièrement la religion chrétienne, ainsi que le titre du livre l'a annoncé. Cette optique s'impose. Le christianisme est la religion de loin la plus importante de nos pays occidentaux, il est celle de ma foi personnelle, et la modernité s'est formée et s'est établie dans la civilisation chrétienne. Comme je l'ai dit, pour moi cela n'est sûrement pas un hasard. Cependant, la modernité envahit la planète et suscite aussi des conflits avec les deux autres religions monothéistes, conflits qui parfois provoquent les réactions les plus intransigeantes. Songez aux groupes des Juifs que nos journaux appellent orthodoxes, et surtout aux populations fondamentalistes de l'islam. Ils haïssent la civilisation moderne, civilisation pluraliste où les lois publiques ne sont plus celles de la religion, celle qui permet la critique de la religion et les discussions des textes sacrés, celle où les mœurs sexuelles ne sont plus régies par les lois divines.

Dans les chapitres suivants je m'attacherai donc à mettre au jour les facteurs qui sont en jeu dans le conflit entre religion chrétienne et modernité. Un conflit n'est pas une guerre. Selon ma conviction, le conflit en question est un destin de la civilisation occidentale : un épisode nécessaire où, par leurs interactions, les facteurs en jeu ont rompu un équilibre provisoire et poussent à une transformation. Cela définit la crise comme moment critique favorable à un renouvellement. Le conflit fait toujours partie de la vie. Il en est ainsi dans l'ordre biologique, dans l'ordre économique, dans l'ordre politique, dans l'ordre personnel et psychologique, et aussi dans l'ordre de la foi religieuse monothéiste. Partout où l'homme se trouve impliqué avec ses idées et ses sensibilités, le conflit peut être un dynamisme de vie renouvelée, du moins si l'on travaille le conflit par la parole en liberté d'échange et d'écoute, et par des réponses réfléchies. C'est avec cette disposition, celle des interrogations réciproques, que je voudrais considérer les différents aspects, conflictuels et autres, du rapport entre modernité et religion chrétienne.

En m'attachant à la religion chrétienne, pour les raisons données, je tiens évidemment compte du fait qu'elle est issue du monothéisme biblique. Aussi, dans ce qui suit, je donnerai toute l'attention nécessaire à ce qui caractérise le monothéisme biblique comme tel et qui est donc largement commun aux religions juive, chrétienne et islamique.

CHAPITRE PREMIER

POLYTHÉISME ET MONOTHÉISME

Pour bien comprendre le monothéisme, il est essentiel de voir que la religion chrétienne n'est pas ce qu'on pourrait appeler une religion naturelle. C'est seulement après des centaines de millénaires d'humanité que le monothéisme est né dans un petit clan juif, vers 1250 avant J.-C. Il représentait une fantastique révolution mentale, une révolution si radicale qu'elle a mis des siècles à s'imposer. Dans la Bible, il y a encore bien des textes, surtout dans les Psaumes, qui parlent des dieux des païens comme si ces dieux avaient pour les Juifs une existence réelle. L'adhésion à Jahvé, l'Unique, exclut évidemment la croyance aux divinités des autres religions. Ce langage sur « les dieux » n'était qu'une manière de parler chez des êtres qui avaient encore le souvenir de leur propre passé polythéiste, et qui étaient entourés de peuples polythéistes. Le monothéisme est venu en Israël comme un coup de foudre, une foudre tombée dans un clan polythéiste. Il y a causé une rupture religieuse et culturelle souvent douloureuse. Freud, qui était un athée convaincu, admire dans le monothéisme ce qu'il appelle la spiritualisation *(Vergeistlichung)* de la civilisation[1]. Mieux que bien des chrétiens, et certainement mieux que les fervents du *New Age*, Freud perçoit en quoi le monothéisme a été une puissance de spiritualisation de l'homme et de la

1. *L'homme Moïse et la Religion monothéiste*, Paris, Gallimard, 1986, p. 211-212, texte allemand : *GW* XVI, 220.

civilisation. Cette spiritualisation, selon lui, consiste dans le fait de donner au langage et à la parole la priorité sur les expériences des sens et, conjointement, dans le fait de donner, dans l'identification de Dieu, la priorité à la figure paternelle sur la figure maternelle, celle avec laquelle l'homme se trouve lié par une sensibilité immédiate et par la dépendance naturelle. Freud était convaincu que le monothéisme a ainsi préparé la rationalité moderne. En cela je lui donne raison.

Afin de mettre en relief la révolution spirituelle qu'est le monothéisme, j'esquisserai d'abord les caractéristiques du polythéisme. Car il serait dérisoire de penser que la différence entre monothéisme et polythéisme n'est qu'une question de nombre : plusieurs dieux ou un Dieu. Le polythéisme est un monde religieux caractéristique, un milieu de vie, de pensée et de comportement qui façonne la conscience et l'existence des individus et de la communauté. En parlant de monde polythéiste, je prends donc le mot « monde » au sens qu'il a dans l'anthropologie culturelle. En termes philosophiques, je dirais que ce monde forme un *a priori* mental et affectif dont les individus n'ont pas une conscience réflexive, parce qu'ils en sont imprégnés. Lorsqu'on lit une épopée qui nous vient d'un tel monde, par exemple celle d'Homère, on est littéralement dé-paysé, transporté dans un autre monde.

Le polythéisme.

Première caractéristique du polythéisme : le religieux pénètre toutes les sphères d'existence.

En un certain sens c'est vrai de toute religion authentiquement vécue. C'est également ce que vise Jésus-Christ lorsqu'il dit : priez toujours. C'est précisément l'intégration de l'existence dans l'orientation religieuse que les moines essayent de réaliser par leur style de vie déterminé et particulier. Il y a cependant une différence fondamentale dans les manières d'effectuer l'unité entre religion et vie. Les moines qui se retirent du monde le font justement parce que, de soi, notre monde social, économique et politique n'est pas religieux. Le monachisme n'existe précisément pas dans le polythéisme et il y est impossible, parce que rien n'y est simplement profane ou laïc. Dans ces civilisations, le monachisme ne pourrait être qu'une opposition à la religion elle-même. Ce fut en effet le cas du Bouddha lorsqu'il a fondé son monachisme. Bouddha a fait la critique radicale de la religion, en particulier de la religion hindoue qui avait été la sienne et il a proposé son monachisme comme idéal de *sagesse*. Cette sagesse prend souvent le sens d'une sorte de mystique. Certains courants réintroduisent en outre une orientation religieuse.

Je donnerai du contenu à la première caractéristique du polythéisme en prenant à titre d'exemple la religion grecque sur laquelle nous avons entre autres les remarquables études de J.-P. Vernant [1]. Dans la Grèce antique, le divin se déploie en une multitude disparate de divinités. Celles-ci, souligne Vernant, ne sont pas des personnes singulières, mais des puissances plus ou moins personnifiées qui composent le cosmos et la nature et s'y déploient comme des forces en interaction. Les mythologies en présentent, en forme de récits, les rapports d'union et de lutte, entre le jour et la nuit, entre la terre et les océans, entre l'amour *(eros)* et la jalousie *(neikos)* qui persécute, etc. Le divin n'est pas réellement l'Autre. Les divinités ne sont pas véritablement transcendantes par rapport au monde des humains ; elles ne sont pas non plus simplement immanentes au monde. Les dieux sont immortels, comme l'est la nature ; mais ils ne sont ni infinis, ni créateurs, ni tout-puissants.

Tout comme les puissances qu'ils personnifient, les dieux sont de quelque manière mêlés à toute la vie des hommes et de la nature. On associe la religion à tout. Aux repas, par

1. *Religions, histoires, raisons*, Paris, Maspero, 1979 ; *Mythe et société en Grèce ancienne*, même éditeur, 1974.

exemple, on mettra une petite portion à part pour les dieux, exprimant par ce geste symbolique qu'on les reconnaît.

Les lois que nous appelons morales sont intrinsèquement religieuses. L'autorité, elle aussi, est fondée sur le divin. Lois et autorités sont donc sacrées, parce que émanation du divin. L'affirmation de Jésus-Christ « rendez à César ce qui est à César, et à Dieu ce qui est à Dieu », n'a pas de sens dans un monde polythéiste. Cela ne signifie pourtant pas encore que l'autorité y est divinisée, comme les Césars de Rome voudront l'être.

Deuxième caractéristique : ces religions sont très rituelles.

Être religieux consiste même essentiellement à accomplir les rites. La vie de famille et la vie publique sont pleines de rites. La fonction de ceux-ci est tout à la fois de marquer la différence entre les hommes et les divinités et de les associer les uns aux autres. Ainsi de la petite portion du repas qu'on réserve aux dieux. Les divinités, pour différentes qu'elles soient, font partie du monde humain, tout comme l'eau, l'air, le feu, la sexualité. Les divinités sont cependant différentes. Le rite combine ainsi l'expression de la différence et de la reconnaissance du lien. La construction d'un temple dédié à un dieu est, elle aussi, un rite qui combine les deux aspects. Songeons à celui, magnifique, de Ségeste en Sicile. Au milieu du paysage grandiose, entre la montagne et la mer, loin des lieux d'habitation, on dresse le temple comme habitation symbolique de la divinité. Les fidèles ne se réunissaient pas dans le temple pour célébrer un culte ; s'il y a un autel pour le sacrifice, il se trouve à l'extérieur. On reconnaît aussi les dieux en fabriquant des idoles que l'on place en différents lieux, de manière à rendre les dieux présents et à reconnaître qu'ils sont mêlés à la vie.

Le rite le plus important est partout le sacrifice. Par lui également on reconnaît la proximité bienfaisante des dieux et leur différence d'avec les hommes. Le rite culinaire complexe qui entoure le sacrifice marque aussi la différence entre les humains et les animaux. Par le sacrifice on prépare et on confirme aussi les fonctions familiales ou sociales qu'on accomplit sous l'égide des dieux. À la fonction première du rite du sacrifice, qui est d'exprimer symboliquement qu'on reconnaît les dieux, tout comme à la vénération des idoles, s'ajoutent régulièrement différentes intentions plus directement intéressées : des demandes de bénéfices de toutes sortes, ou l'expiation et la réconciliation.

Toutes ces caractéristiques se retrouvent encore dans la religion nationale du Japon actuel, pays techniquement moderne. Ainsi j'ai vu au temple national d'Ise, situé au cœur d'une vaste forêt, le président d'une grande entreprise industrielle venir avec ses collaborateurs de haut rang, s'incliner devant les divinités symboliquement rassemblées dans ce temple et leur offrir un sacrifice symbolique. On sait d'ailleurs que l'empereur précédent, Hiro Hito, était officiellement le grand prêtre sjintoïste et qu'une fois par an, le jour important de la nouvelle année, il accomplissait le sacrifice aux dieux. C'était les reconnaître et par là assurer leur présence active dans la prospérité du pays.

Troisième caractéristique : le rapport au divin est celui d'une foi originaire et collective.

Je reprends l'expression et l'idée de foi originaire *(Urglaube)* à la phénoménologie de Husserl. Celui-ci affirme qu'à la base de tout jugement prononcé sur le monde, il y a la conviction de pouvoir parler du monde en vérité. Ainsi, si je parle de la religion polythéiste ou biblique, ou de la modernité, il y a toujours un présupposé fondamental : la foi que par le langage nous pouvons dire les choses telles qu'elles sont. S'il n'y avait pas ce présupposé, on ne ferait pas de recherches scientifiques et on ne prendrait pas la peine de faire des études philosophiques. Et si un enfant à certains moments, lorsque sa conscience s'éveille, pose tant de questions, c'est parce qu'il a fondamentalement foi qu'on peut lui répondre en vérité ; il n'a pas seulement confiance en ses parents, il a foi dans la conscience humaine et dans le langage. Cette foi est première, originaire ; elle fonctionne sans qu'on y pense. Elle disparaît lorsque avec une grave maladie la conscience et la capacité du langage s'effondrent. Bien sûr, le jugement affirmatif n'est pas la seule modalité de l'acte de conscience et de parole. Il y a aussi le doute, l'interrogation, la proposition d'une hypothèse, ou d'une probabilité. Toutes ces modalités sont aussi des modalités de la foi originaire, dit Husserl.

Dans mon exposé, je reprends cette expression de Husserl et je l'utilise comme une formule descriptive, parce qu'elle caractérise bien le type de conscience et de conviction propre au polythéisme que je décris. De fait, dans les religions polythéistes, le divin a l'évidence d'une foi originaire. Celle-ci est collective, elle appartient à la communauté culturelle. Un exemple que donne le célèbre anthropologue E. Evans-Pritchard illustre bien la caractéristique de ces religions. En rapportant les observations qu'il a faites dans la population des Nuers en Afrique, Evans-Pritchard raconte qu'il a régulièrement entendu dire « dieu est »[1]. Cela quand les Nuers rencontrent quelque chose d'énigmatique ou doivent accomplir une tâche difficile. Cette petite phrase « dieu est » ne signifie absolument pas « dieu existe », dit Pritchard, car pour les Nuers l'expression « dieu existe » n'aurait aucun sens. Leur dieu est une évidence pour eux, et on ne porte pas de jugement de vérité sur une évidence qu'on n'a pas encore questionnée et qu'on ne pourrait même pas questionner. Cette divinité, on ne la confesse pas, on la *reconnaît* par les rites, surtout par les sacrifices, ou par une idole qui est un signe et qui signifie présence et différence : la présence du dieu qui est différent des hommes.

Le statut de foi originaire qu'a la religion a pour pendant que les récits mythologiques n'ont pas la prétention de dire la vérité. Ils évoquent les dieux comme des puissances plus ou moins personnifiées et mettent en scène avec beaucoup d'imagination les interactions entre les divinités. On ne

1. *Nuer Religion*, Oxford, Clarendon, 1956.

doute pas des puissances divines et de leur influence sur les réalités sublunaires ; elles forment des évidences aussi premières que le fait que deux plus deux font quatre. Sur le fond de cette foi originaire, on peut se permettre de broder des récits. On se le permet sans problème, parce que cela n'entame pas la certitude religieuse originaire, préréflexive. Les contradictions entre les récits mythiques et les transformations qu'on leur fait subir n'ont aucune importance, dit J.-P. Vernant. On n'est pas dans l'ordre de la croyance affirmée ou de la certitude. Ce qui importe, ce sont les rites par lesquels on manifeste qu'on ne méconnaît ni ne néglige les dieux.

On peut retrouver une attitude analogue dans le ritualisme à l'intérieur de certaines interprétations monothéistes. Pour bien des Juifs que nous appelons orthodoxes, par exemple, la pratique rituelle est à ce point ce qui importe le plus que le terme « orthopraxes » serait plus adéquat. J'ai ainsi entendu déclarer un Juif célèbre : ce qu'on croit n'a pas d'importance ; ce qui compte, c'est la praxis. Chez lui cela consistait entre autres dans la circoncision, dans le respect du shabbat, dans la stricte observance des interdits, c'est-à-dire dans l'observation des rites d'évitement concernant la nourriture.

Le type de conscience religieuse que je viens de qualifier comme foi originaire implique que ces populations n'ont pas la conscience explicite de croire. L'incroyance n'est évidemment pas une possibilité dans ces cas, car l'incroyance est une modalité de la position consciemment croyante ; l'incroyance est une prise de position négative envers une invitation à affirmer sa foi. Si nous parlons des croyances religieuses de ces populations, nous utilisons un langage propre à notre épistémologie des sciences de la religion. Les personnes appartenant à ces cultures n'ont pas la conscience de croire. La formulation fondamentale du christianisme, « Je crois en Dieu », est donc une locution qui ne fait pas facilement sens pour ces populations. Quand les missionnaires essayaient de les instruire dans la religion chrétienne, ils avaient souvent beaucoup de mal à traduire et à faire comprendre la formulation « Je crois en Dieu ». Quelquefois, ils ont été obligés de prendre dans le langage du pays un verbe signifiant « louer Dieu » et de l'entourer de phrases pour le remplir du sens chrétien de la foi [1].

Quatrième caractéristique : le mystère de la fécondité sexuelle est central.

Tout le monde connaît probablement l'histoire du veau d'or que raconte la Bible. Je la rappelle brièvement : après l'apparition et la révélation de Dieu au Sinaï, et après la conversion à Jahvé et l'exode d'Égypte, Moïse s'est retiré sur la montagne sacrée ; et lorsqu'il revient avec les tables de la Loi, le Décalogue, il voit son peuple danser autour du veau d'or. Ce veau d'or figurait, en fait, l'animal séminal qu'était le taureau. Dans ces populations, le taureau était par excellence la figure du divin comme puissance de vie. Nulle part on ne voyait la puissance divine se manifester aussi fortement que dans la sexualité en tant que nature procréatrice. Aussi trouve-t-on également dans ces civilisations les célèbres statues représentant le phallus dressé : au Mexique, en Grèce, au Proche-Orient, au Japon. Dans ce dernier pays, j'ai même vu à Nagoya, dans un temple dédié à Bouddha et encore fréquenté, une grande représentation de Bouddha entourée de plusieurs grandes statues phalliques. D'autres figures représentent également la fécondité : la déesse Astarté, figurée avec un nombre impressionnant de seins et entourée d'épis de maïs, la déesse Isis, ou encore le dieu Baal, celui avec lequel, dit le prophète Osée au VIIe siècle avant J.-C., Israël s'est prostitué.

Les découvertes des liens entre religion et sexualité ont fort impressionné les anthropologues et les historiens des religions du siècle passé. Le jeune Sigmund Freud a suivi ces explications avec grand intérêt. Comme certains de ces historiens, il pensait alors trouver l'origine de la religion

---

1. Voir R. Needham, *Belief, Language and Experience*, Oxford, Blackwell, 1972.

dans le culte de la sexualité. Selon lui, la religion biblique monothéiste, centrée sur la paternité, s'est formée à partir du culte de la sexualité, en transformant celui-ci par le processus de la sublimation. Le culte biblique de Dieu, comme figure de père et non comme force de procréation sexuelle, non plus que comme déesse-mère féconde, a représenté un immense progrès de spiritualité, dit Freud. Ce qu'il n'a pas bien saisi, selon moi, c'est que dans le culte de la sexualité, celle-ci avait déjà le sens d'un mystère à la fois immanent dans la nature et quelque peu transcendant, différent donc de la simple sexualité naturelle. Dans la sexualité se fait valoir la puissance de la vie qui toujours se renouvelle et se reproduit, qui a donc un certain caractère d'immortalité et présente par là une similitude avec le divin.

Cinquième caractéristique : l'antithèse pur-impur.

Le binôme pur-impur régit plus ou moins ces cultures et ces religions. La division en castes en Inde représente sans doute un des cas les plus tristement célèbres de ce principe. Dans l'Inde réputée mystique, vit une population constituée d'individus « intouchables ». Les autres ne les fréquentent pas et n'épousent personne de ce groupe. Les intouchables sont à peu près exclus de tout bien-être, vivent dans la misère et dans le mépris. Ce qui les condamne à cet état, ce n'est ni la langue ni la race, mais l'impureté religieuse congénitale. Cette fatalité religieuse rend tabous tous ceux qui naissent de parents tabous, car la tare religieuse se reproduit de génération en génération.

Je reviendrai plus tard sur cette curieuse catégorie religieuse qu'est celle de l'impur. J'en dis quelques mots, parce qu'elle illustre ce que j'appelle ici la foi religieuse originaire. Réfléchissons un moment à un exemple universellement connu de l'impur religieux : l'obligation imposée aux Juifs orthopraxes de manger *kasher*, de ne pas consommer de porc ni de la viande dont on n'a pas d'abord fait s'écouler le sang. L'idée de l'impureté du porc n'a pas de contenu raisonné dans la Bible, ni pour les Juifs orthopraxes en général. L'impur ici est le mal, l'intouchable. C'est le mal qui est à la fois un fait de la nature et le produit d'une puissance surnaturelle, mauvaise dans ce cas. Ne pas s'abstenir de l'impur, c'est entrer en communion avec le mal et ne pas reconnaître les dieux, ou, dans le monothéisme, ne pas reconnaître Dieu.

Les évangiles comptent plusieurs épisodes où les Juifs accusent Jésus de laisser ses disciples toucher l'impur sans se purifier par après. Dans saint Paul (1 Corinthiens, 9-10), on peut aussi lire que des convertis qui vivent en Grèce scandalisent des frères juifs parce qu'ils mangent des « idolothytes », de la viande interdite aux Juifs, parce que doublement impure : viande d'animaux immolés aux dieux païens et vendue au marché ; viande en outre qui n'avait pas été vidée de son sang.

L'idée de l'impur et l'interdit d'y toucher sont solidaires des deux caractéristiques que j'ai déjà relevées dans ces religions. D'abord, tout comme le divin, le mal est, lui aussi, immanent aux données naturelles, tout en lui étant de quelque manière transcendant. Ensuite, le centrage de ces religions sur la puissance de la vie a pour conséquence que la vie qui paraît structurellement impure est perçue comme l'incarnation du mal, le contraire de la vie.

Le binôme pur-impur organise si profondément l'univers dans ces religions qu'il détermine aussi le caractère sacré des lois morales. Celles-ci tirent leur autorité du divin. Elles posent également les conditions pour être en communion avec le divin par les rites. Ainsi, dans plusieurs textes bibliques, en particulier dans le Lévitique, les interdits qui ont pour nous une signification morale, par exemple l'interdit de tuer, ont pour sens l'exclusion de la participation au culte de la personne qui est contaminée par l'impur, parce qu'elle a versé le sang de la propre famille élargie. Des rites et des lois qui ont trait à la sexualité et à l'accouchement ont la même signification. Ainsi l'obligation pour la mère d'accomplir le rite de la purification quelques semaines après l'accouchement. Le fait que l'Église catholique a maintenu ce rite jusqu'au milieu de notre siècle montre quel pouvoir l'inconscient collectif culturel et religieux exerce parfois sur les esprits.

Il ne faudrait pas croire que le phénomène anthropologique de l'impur appartient au passé et que l'homme contemporain s'en est simplement libéré par la raison éclairée. On rencontre toujours l'idée de l'impur dans des formes sérieuses de psychopathologie. Ainsi dans l'hypochondrie, angoisse morbide d'être attaqué intérieurement par un mal naturel mais mystérieux, un mal qui se signale dans de fausses perceptions internes de symptômes de maladies cachées. Sur cette angoisse pathologique peut se greffer l'angoisse religieuse envers un Dieu juge et punisseur. Plus socialement, il y a actuellement une hantise pour toutes sortes de contaminations qui menacent la santé. Cette idée de contamination sournoise paraît bien être la figure moderne, sécularisée de l'impur. C'est un impur qui corrompt la vie biologique. L'instance qui en juge ainsi se trouve dans les informations médicales diffusées et anxieusement écoutées.

Sixième caractéristique :
ces religions sont traditionnelles.

Le mot « tradition » a un sens spécifique dans ce contexte. C'est nous qui appliquons ce terme à ces types de religions pour les caractériser. Ceux qui appartiennent à ces religions vivent dans la tradition, mais ne la nomment pas comme telle, précisément parce qu'ils ne prennent pas un point de vue extérieur à « la tradition ». Ce qui a toujours frappé les observateurs, en effet, c'est que ces religions forment, avec la culture de leur population, un seul tissu dense. La religion y enserre tous les éléments de la culture. Si, dans certaines cultures, le mot « religion » n'existe pas, ce n'est pas parce que la réalité en est absente ; bien au contraire, omniprésente, la religion ne s'y présente même pas à l'esprit avec un terme distinctif. On peut condenser les caractéristiques de ces religions comme suit : ce sont des religions culturelles.

Elles enveloppent les individus de ces cultures dans leur réseau de langage, de représentations, de coutumes, de rites, de figures symboliques, de prescriptions et d'interdits. L'individu de ces cultures n'est pas dans la position d'un agent libre, appelé à donner lui-même son assentiment. Il n'en a tout simplement pas la capacité. Non pas parce qu'il est forcé contre son gré d'adhérer à cette religion, mais parce que, avec sa langue, sa parenté et tout son milieu culturel, sa religion est son habitation humaine. À la religion culturelle correspond une culture religieuse. Un autre qualificatif me semble également convenir à ces civilisations : elles sont holistiques. Dérivé du grec *holos*, un, unifié, cet adjectif dit bien que ces cultures forment une unité fortement intégrée.

Tout comme les cultures qu'elles pénètrent, ces religions sont traditionnelles. Pour les membres de ces religions culturelles, celles-ci viennent des ancêtres, parfois proches des dieux. Il n'y a pas de fondateur désignable de ces religions, une personnalité qui leur aurait donné leur rite, leurs vérités et leurs lois. Cette question ne se pose pas, parce que le passé de ces données culturelles et religieuses demeure présent et leur présent répète leur passé intemporel. Cela ne signifie pas qu'elles demeurent inchangées. Les contacts avec d'autres populations provoquent toujours des modifications. Mais les changements ne sont produits ni par une prise de position consciente ni par une volonté orientée vers un avenir à faire.

Comme je l'ai dit, le terme « tradition » par lequel on caractérise ces religions, est le terme de l'anthropologie culturelle et religieuse. Dans la religion chrétienne, en revanche, le mot « tradition » est un terme théologique, un terme qui fait intrinsèquement partie de la foi. La communauté ecclésiale transmet de génération en génération ce qu'elle a reçu de ceux qui ont été les témoins de l'action et de la révélation divines en Jésus-Christ. Pour être bref, je vous rappelle seulement ce que sait tout chrétien : quand nous récitons le *Credo*, nous affirmons explicitement, consciemment donc, que nos convictions de foi sont les mêmes que celles de l'Église apostolique, c'est-à-dire essentiellement les mêmes que les convictions de foi de la première Église, celles des apôtres auxquels Jésus-Christ a ordonné d'aller proclamer cette foi. À l'intérieur de la foi chrétienne, le terme « tradition » n'a donc pas un sens anthropologique et sociologique. Dans les Églises établies, il y a naturellement toujours aussi des traditions au sens sociologique du terme, et qui s'ajoutent à la tradition propre de la foi. Dans la sensibilité et dans l'esprit de bien des jeunes, aujourd'hui, les deux sortes de tradition se confondent trop souvent. Cela a malheureusement été trop fréquemment le cas dans la pratique des responsables. De toute manière, l'esprit de la modernité a un problème particulier avec la tradition au sens théologique du mot. Par rapport à ce problème fondamental, les questions sociologiques sont secondaires. La nature problématique de la tradition sera un des sujets majeurs de mes analyses.

Conclusion.

L'objectif de mon analyse de la religion polythéiste était double. Premièrement, préparer une prise de conscience claire de la particularité du monothéisme, autrement dit, de la religion biblique. Deuxièmement, prendre conscience que les cultures habitées par le polythéisme forment un univers mental très différent du nôtre. Ce double objectif m'a évidemment fait négliger bien des différences et des richesses de ces religions et de ces cultures. Je pense néanmoins que les traits que j'ai rassemblés et décrits forment réellement la trame de ces religions et de ces civilisations.

L'analyse de ces religions représente un retour réflexif sur un passé lointain. Pour les civilisations occidentales, profondément marquées par le monothéisme et par la modernité, ce passé est définitivement le passé. Des films documentaires et des publications d'anthropologie culturelle sur des cultures anciennes ou exotiques font parfois rêver d'une civilisation plus heureuse que la nôtre. Mais quel que soit le futur éventuellement meilleur de notre civilisation, il ne sera en tout cas plus jamais celui d'une culture d'avant le monothéisme et d'avant la rupture produite par la modernité. On n'effacera jamais, par exemple, la brisure de l'unité entre les hommes, causée par la différence entre croyants et incroyants, différence qui est solidaire de la liberté des options fondamentales. Les hommes religieux qui rêvent d'un œcuménisme universel où toutes les religions se retrouveraient dans une grande communauté ont raison de demander le respect pour les autres ; mais ils ne pourront pour autant empêcher les croyants monothéistes de s'affirmer très différents des polythéistes et des animistes, et inversement.

On peut hésiter sur les mérites et les démérites de la modernité. J'en parlerai longuement. Mais lorsqu'en réaction contre la modernité on dirige ses espoirs vers une post-modernité qui n'existe pas encore, on propose quelquefois l'idéal d'une société holistique, une société où la culture formerait un tissu dans lequel s'intégreraient science, art, citoyenneté, religion, famille et travail... Je pense que l'analyse que j'ai présentée des anciennes sociétés holistiques fait démystifier les illusions holistiques. Qui, par exemple, pourra encore prendre au sérieux les polythéismes, leurs mythes et leurs rites ? On peut critiquer le monothéisme, on peut attaquer l'idée du progrès, on ne peut pas revenir au passé. D'ailleurs, au fond, personne ne croit plus à ces rêves-là, même si on aime parfois cultiver de tels rêves.

Le monothéisme.

Je réserve pour le dernier chapitre la considération approfondie de ce qui est original et durable dans le monothéisme biblique, en particulier dans ce qui représente pour moi son accomplissement : Jésus-Christ et la religion dont il est le fondateur historique. À ce moment, nous aurons accompagné la modernité dans ses ruptures avec la tradition et dans ses interrogations critiques ; averti et orienté de cette manière, notre esprit pourra distinctement écouter les discours chrétiens et secouer les mots pour qu'ils fassent entendre ce qu'ils contiennent de plus authentiquement divin.

Unification des religions par fusion et syncrétisme.

Je voudrais rapidement éclairer le monothéisme en le mettant en contraste, d'une part, avec les religions polythéistes et animistes, d'autre part, avec les fusions syncrétistes entre ces religions. Pour cela, je vous invite à faire en imagination un petit voyage à Rome, la Rome ancienne. Au centre il y a le forum, qui était tout à la fois le centre religieux, politique et social. La question religieuse faisait un peu problème dans le vaste Empire romain. En accordant une large autonomie aux provinces, on leur laissait également leurs propres divinités, cultes et mythes. En ce sens, l'Empire romain était religieusement tolérant. Actuellement, des gens appartenant à des religions non bibliques ou refusant toute religion citent parfois la Rome antique comme modèle de tolérance religieuse. Quelquefois, ils l'opposent à l'Église romaine apostolique. En réalité, dans l'ancien Empire romain la tolérance des religions polythéistes ne pouvait pas être un problème religieux, mais la multiplicité des religions pouvait devenir un problème politique. Aussi avait-on le souci d'unifier quelque peu les religions. D'une part, comme les religions formaient une unité avec toute la vie culturelle, elles avaient une importance politique. D'autre part, les mises en contact des religions les unes avec les autres faisaient aussi réfléchir de manière critique à l'unité dans la diversité des dieux culturels-religieux. Un mouvement d'unification s'est alors produit. Ainsi, dans les vastes thermes de Caracalla se trouve la pierre dédicatoire de l'édifice aux différentes divinités : Mithra, Hélios, Sérapis, Zeus. Si, depuis les thermes de Caracalla, vous vous promenez vers le centre, vous pouvez visiter la belle église que les brochures touristiques désignent par son ancien nom, celui du temps romain : le Panthéon. C'est là un mot grec qui signifie « tout le divin ». L'empereur Hadrien a fait reconstruire ce temple comme demeure pour « tous les dieux » de l'empire. Par syncrétisme, autrement dit, par la combinaison peu rigoureuse des différentes religions, on arrive ainsi à l'idée que tous les noms des différents dieux, tous les systèmes de culte, visent une même divinité. Une unification analogue s'était déjà produite en Égypte au XIVe siècle avant J.-C., avec le pharaon Aménophis IV, aussi appelé Akhenaton, qui a régné avec la belle Néfertiti. Selon un grand nombre d'égyptologues c'est autant, sinon plus, pour des raisons politiques que religieuses qu'Aménophis IV a imposé une seule divinité et un seul culte. Après sa mort on a d'ailleurs restauré les cultes aux divinités supprimées par le pharaon.

Dans certaines rencontres entre différentes religions auxquelles j'ai été invité à participer, j'ai observé une tendance analogue à celle qui a inspiré l'empereur Hadrien à construire le Panthéon. Les différentes religions sont des points de vue particuliers sur le divin, dit-on. Toutes les divinités ne représentent pas encore tout le divin. Aujourd'hui, plus que du temps d'Hadrien ou d'Akhenaton, on emploie des arguments philosophiques pour soutenir tout à la fois la diversité des religions et pour justifier leur unité mystérieuse. Le divin est trop transcendant, répète-t-on, pour qu'une des religions puisse légitimement affirmer être la « vraie religion ». On reprend ainsi l'idée grecque du dieu inconnu, et on donne à cette idée une signification métaphysique. Les anciens Grecs avaient eu, en effet, la finesse d'esprit de construire sur l'agora d'Athènes un petit autel dédié « au dieu inconnu ». Pour eux, il fallait respecter la divinité d'une religion étrangère dont on ne connaissait pas le nom. Vous savez sans doute que saint Paul, en prêchant sur l'agora, comme on le fait aujourd'hui dans Hyde Park à Londres, a profité de l'idée du dieu inconnu pour affirmer qu'il s'agissait de Jésus-Christ, Juif crucifié et ressuscité. Mais en affirmant qu'il proposait la vraie religion, et qui plus est celle d'un homme-Dieu crucifié et ressuscité, saint Paul s'est fait joliment chahuter !

L'expression singulière « je crois en Dieu ».

Est-ce que la rencontre entre les religions a conduit et peut conduire au monothéisme ? Est-ce que de telles rencontres supposent un certain monothéisme ? Est-ce que celui qui appartient avec conviction à la religion monothéiste peut s'associer à l'idée que veulent propager certains théoriciens de ces rencontres entre les religions, l'idée que tous les noms des dieux et tous les discours sur les dieux ne sont que des points de vue humains et des expressions culturellement variées d'une sorte de foi religieuse commune ?

L'expérience que fait le chrétien dans ces mouvements d'unification des religions, l'expérience que j'ai faite personnellement en tout cas, est qu'on y occupe une position à part. Dans ces milieux, il y a des gens, bien sûr, que cette position gêne et irrite. Le chrétien — catholique, protestant ou orthodoxe — y est le seul qui dise : j'ai moi aussi mon point de vue personnel, comme chaque personne ; mais c'est un point de vue à l'intérieur de la conviction qui est commune à la communauté chrétienne, celle d'affirmer la vérité de ce qu'énonce le *Credo* chrétien. Le *Credo* chrétien n'est plus un point de vue humain sur un divin commun à toutes les religions. Dans ces réunions, le chrétien est comme les chrétiens du temps de l'empereur Hadrien : il ne laisse pas placer Jésus-Christ, l'« icône du Dieu invisible », selon la forte expression de saint Paul, parmi les dieux du Panthéon. Des milliers de croyants, artisans de paix et miséricordieux, se sont tenus, fidèles et fermes jusqu'à la mort, à la parole de Jésus : « Heureux êtes-vous […] si l'on vous persécute et si l'on vous calomnie de toutes manières à cause de moi » (Mt 8, 11). C'est pourquoi le pape Boniface IV (VIIe siècle) a converti le Panthéon en église vouée à sainte Marie-aux-Martyrs. De nos jours encore il y a des croyants qui, comme du temps des empereurs romains ou japonais, payent de leur vie leur refus de laisser leur foi se dissoudre dans une vague religiosité.

« Je crois en Dieu » : dans cette proposition clef se trouve tout le véritable monothéisme comme condensé dans un atome primitif et explosif.

Tout d'abord, c'est par cette parole que le chrétien s'identifie comme chrétien. L'essentiel de la religion chrétienne ne consiste donc pas dans l'accomplissement de rites. La confession de foi peut même se passer de rites. Elle peut être actualisée dans l'intimité de la personne singulière, alors que le rite est un comportement symbolique qui s'accomplit normalement dans et par la communauté religieuse. Même lorsqu'une personne accomplit seule le rite religieux, elle le fait encore au nom de la communauté qui la délègue à cet effet.

Le cœur de la religion monothéiste consiste donc dans un acte d'engagement de foi, acte que seule peut effectuer une personne libre. Cet acte de parole énonce et accomplit la relation personnelle de foi et d'amour avec Dieu. Celui qui confesse « Je crois en Dieu… », le fait tout à fait personnellement, et non pas comme membre d'une communauté culturelle. Une telle prise de position personnelle est impensable dans les religions polythéistes ; on y est religieux parce qu'on appartient à un réseau culturel-social tissé par les discours religieux et surtout par les actions rituelles.

Bien sûr, celui qui prononce « Je crois en Dieu… », le dit sans s'adresser littéralement à Dieu, car cette parole est originellement dite à celui qui, par le baptême, initiera la personne à la communauté des croyants. Mais cette confession de foi présuppose et implique la foi que le croyant adresse personnellement à Dieu en personne : je crois en toi, Seigneur Dieu. La foi chrétienne est un rapport personnel au Dieu personnel. Dieu est *monos*, un, unique en tant qu'il est personnel. Dans le polythéisme, les dieux sont multiples et ne sont pas personnels ; pour le monothéisme, Dieu est indissociablement personnel et unique.

J'attire votre attention sur le langage que j'utilise : je dis toujours « Dieu personnel » et non pas « Dieu est une personne »... Cette dernière expression me gêne, parce qu'elle a un son trop anthropomorphique ; elle fait penser à une personne parmi d'autres.

L'origine du monothéisme.

D'où nous vient ce monothéisme si particulier ? Insistons-y : sa singularité pose une énigme pour la philosophie et les sciences de la religion. C'est pourquoi certains commencent par nier le fait et dissoudre le monothéisme comme un sucre qu'ils mettent dans un thé de vague religiosité. C'est pourtant ce que font des philosophes de la religion. Ainsi Winfried Smith, philosophe américain des religions et bonne âme qui milite pour la nouvelle Église qu'est l'*Union Church* du Coréen Moon. Cette Église serait finalement celle qui unifie toutes les religions, car, selon Moon, Jésus aurait échoué dans ce projet. Il y a une « foi » commune dans toutes les religions, affirme W. Smith [1]. Les contenus de foi (les *beliefs*) sont différents, mais la véritable foi *(faith)* n'y accorde pas d'importance. Mais quelle est alors, selon Smith, cette foi commune ? C'est de s'impliquer dans l'orientation spirituelle de soi-même. Avouons que cette définition est bien vague ! Qu'est-ce que cela veut dire en effet ? L'artiste, le scientifique, la mère de famille, l'enseignant, ... : que l'on prenne n'importe quelle valeur culturelle, elle est une valeur spirituelle pour laquelle on peut s'impliquer sans aucune disposition véritablement religieuse. C'est d'ailleurs précisément cela que la modernité critique a rendu possible : une éthique spirituelle sans religion. Commencer par nier les différences essentielles, d'une part, entre les religions elles-mêmes, et, d'autre part, entre l'éthique et la religion, c'est faire une philosophie de la religion à la manière dont les astrologues font de l'astronomie.

---

1. *Faith and Belief*, Princeton University Press, 1979.

Revenons à la question de savoir d'où vient cette religion si particulière qu'est le monothéisme au sens précis du terme : la foi en un Dieu unique et personnel, Créateur. Lorsqu'elle se situe en dehors du contexte chrétien ou judaïque, la philosophie moderne, pas plus que l'ancienne, n'a pas trouvé le Dieu du monothéisme par ses propres principes et forces de raisonnement. Pourquoi pas ? Cette incapacité de la philosophie doit être très significative, *et* pour la philosophie *et* pour le nom de Dieu. Ce n'est pas non plus la science qui aboutit à trouver Dieu, car la véritable science se déploie dans un domaine de recherches qui n'est pas celui où on pourrait rencontrer les traces lisibles de Dieu.

Le fait que la philosophie ne trouve pas le Dieu du monothéisme indique que Dieu ne se découvre ni par les sentiments religieux, ni par les expériences du monde, ni par les désirs qui mobilisent le cœur et l'esprit de l'homme, ni par les raisonnements sur l'origine et la constitution du monde... Le philosophe s'applique aux religions, il considère ce que celles-ci disent du divin et des dieux ; et s'il compare et purifie ses représentations religieuses avec les principes critiques de la métaphysique, alors en tant que philosophe il aboutit tout au plus à l'idée d'une essence divine absolue. C'était là la conviction critique de Kant, avec laquelle je suis d'accord. En fin de compte, on peut dire qu'on a l'idée d'un divin absolu et parfait ; mais ce n'est pas le Dieu personnel réellement existant envers qui l'homme s'engage personnellement.

D'où vient donc le monothéisme ? La réponse que donne la religion monothéiste est tranchante comme un glaive : de Dieu lui-même.

Il y a quelque chose de troublant dans l'origine du monothéisme, origine qui se situe vers 1250 avant Jésus-Christ. Après des millénaires d'histoire humaine, alors qu'il y avait déjà de puissantes civilisations dans la région de l'Euphrate et en Égypte, Moïse, un homme appartenant à une peuplade peu cultivée, se trouve dans le désert, en train de surveiller les moutons et les chèvres de son beau-père, prêtre païen.

Soudain il entend la voix qui se déclare voix du vrai Dieu. De plus, cette voix vient du milieu du buisson que Moïse voit brûler sans que le feu le consume. Reconnaissons qu'il y a là quelque chose de bien étrange, de suspect pourrait-on dire. Moïse a une vision et il entend une voix… Moïse, homme religieux païen, entend cette voix lui dire : « Je suis le Dieu d'Abraham, le Dieu d'Isaac et le Dieu de Jacob… J'ai vu la misère de mon peuple… Je t'envoie vers Pharaon, fais sortir d'Égypte mon peuple… » Alors Moïse pose à cette divinité la question apparemment étrange : « Lorsque je dirai aux fils d'Israël : "le dieu de vos pères m'a envoyé vers vous", s'ils me disent : "Quel est son nom", que leur dirai-je ? » Alors cette divinité donne la réponse qui a révolutionné l'histoire des religions et l'histoire des civilisations : « Je suis qui je suis et qui je serai. » Puis : « Tu parleras ainsi aux fils d'Israël : "Je suis" m'a envoyé vers vous. » De cette réponse les Juifs ont forgé le nom Jahvé, nom propre de Dieu. Depuis, pour nous et pour ceux qui appartiennent à notre civilisation, le mot « dieu » est devenu le nom propre : « Dieu » écrit avec majuscule.

En fait, les dieux d'Abraham, d'Isaac et de Jacob, les dieux des ancêtres de Moïse étaient des divinités comme celles de bien des religions polythéistes ; selon cette religion ils étaient comme des anges gardiens rattachés à leur clan. Du fond de cette référence au monde polythéiste, vient donc la voix de Dieu qui se déclare le Dieu qui est et qui sera, la voix de Dieu qui se révèle, qui intervient, se fait personnellement présent à l'homme, et qui proposera à l'homme (d'abord à son peuple), une alliance qui est un pacte d'amour et d'engagement pour l'avenir.

Contingence et vérité.

Deux données sautent immédiatement aux yeux. Premièrement, le monothéisme nous est venu par un fait historique, donc contingent, à savoir l'initiative historique qu'a prise Dieu de sortir de sa réserve infinie, de s'adresser à un individu humain et de se déclarer le Dieu personnel. Or c'est précisément ce fait contingent que la foi reconnaît comme la révélation de la vérité sur le divin, vérité que les philosophes et les sages religieux cherchaient en vain. Celui qui dit : « Je crois en Dieu… », a l'intention d'affirmer Dieu en vérité. Le chrétien est même fort précis : « Je crois en Jésus-Christ, mort sous Ponce Pilate et ressuscité… » Celui qui dit cela ne peut pas penser en même temps : « que ce soit vrai ou fictif, cela n'a pas d'importance » ; ce serait là tenir le langage contradictoire d'une personne mentalement aliénée. En revanche, les récits mythologiques des Grecs, des Romains et des autres cultures n'avaient pas l'intention de parler en vérité. Quand des incroyants parlent sans précision de « la mythologie chrétienne », ils utilisent simplement une expression polémique et trompeuse.

Contingence historique et vérité absolue, cette combinaison fera sérieusement problème pour les esprits critiques. Ce qui a fait et fera aussi toujours problème, c'est le fait que l'homme ne trouve Dieu ni par les expériences affectives, ni par les réflexions sur les phénomènes du monde ; autrement dit le fait que l'homme ne peut trouver Dieu qu'en écoutant Dieu qui, lui, vient d'abord trouver l'homme qui cherche sans trouver. Freud a vu très justement que le Dieu de la Bible représente une extraordinaire spiritualisation de la civilisation, précisément parce qu'il est le Dieu qui est au-delà de toute représentation imaginative et que le rapport à ce Dieu est d'abord de l'ordre du langage. Freud souligne aussi et à juste titre que toute spiritualisation exige de la personne un travail de transformation sur et en lui-même. Mais selon moi, l'athéisme de Freud est aussi exemplaire pour les difficultés que rencontre la rationalité moderne devant ce Dieu qui ne supprime ni ne contredit la raison, mais qui est Autre que ce que la raison peut penser. Néanmoins un athéisme critique comme celui de Freud peut aussi être un facteur de spiritualisation, car il peut nous aider à penser la religion chrétienne de manière juste.

Une autre grave question que la modernité posera au monothéisme est de savoir si la religion de ce Dieu tout Autre avec qui l'homme est dans un rapport très personnel a encore une fonction sociale et culturelle. Historiquement, le monothéisme jahvéiste est devenu rapidement la religion officielle d'un état théocratique. Une nouvelle unité socioculturelle et politique s'est ainsi installée sur le fondement monothéiste. Le Moyen Âge chrétien a reproduit à sa manière l'état monothéiste théocratique ; le christianisme y a été le ciment des liens sociaux, il a fondé les droits et les devoirs civiques, il a aidé à forger l'unité politique, il a légitimé le pouvoir impérial ou royal. La modernité va ébranler cet édifice et l'éclatement de la civilisation chrétienne a été et est toujours une rude épreuve pour la foi. Toutes ces questions feront l'objet des chapitres suivants. Je commencerai par considérer le rapport ambivalent que la philosophie a toujours eu avec la religion.

CHAPITRE II

MODERNITÉ ET RATIONALITÉ CRITIQUE

Introduction : questions de terminologie.

Le mot « moderne » a pris une signification emblématique dans l'histoire de la culture européenne. Le mot lui-même est la version française du bas latin *modernus* qui signifie récent. Il est amusant de constater que déjà au XIIe siècle un auteur anglais avait dit son mépris pour ceux qui ne veulent « rien recevoir de ce qu'ont découvert les modernes ». Introduit en français au XIVe siècle, l'usage du mot « moderne » revendique également l'idée du progrès du savoir et il exprime la conviction qu'ont les modernes d'effectuer une transformation pour un mieux [1]. Ainsi, « moderne » implique une certaine rupture avec la tradition et un progressisme optimiste.

Au Moyen Âge commence déjà à se former en Occident un mouvement qui s'oriente délibérément vers un meilleur avenir qu'on est sûr et fier de pouvoir réaliser. Et pourtant, c'est à raison que l'historiographie réserve le terme « moderne » pour désigner l'époque qui commence vers la fin du XVIe siècle. Quelques figures sur lesquelles je reviendrai justifient cette périodisation. Au début du XVIe siècle Francis Bacon conçoit une nouvelle philosophie du savoir : celle qui doit remplacer la logique

1. Nous reprenons ces informations à Maurice de Gandillac, *Genèses de la modernité*, Paris, Éd. du Cerf, 1992, p. 5-6.

aristotélicienne par la méthode de l'induction systématique ; il pose ainsi les bases logiques de la science expérimentale. Le juriste hollandais Hugo Grotius, influencé par Érasme, d'une part, milite pour un christianisme authentiquement évangélique et humain et, d'autre part, élabore une philosophie du droit qui raisonne *etsi Deus non daretur*, un droit dont la raison établit les principes « comme si Dieu n'était pas » ; autrement dit un droit humain qui fait abstraction des références théologiques au droit de Dieu. Sans lui donner ce nom, le chrétien Grotius fonde donc un droit laïc. Vient aussi René Descartes qui, en philosophie, inaugure réellement l'époque moderne et qui est à l'origine d'une remarquable épopée philosophique qui aura un grand impact sur la religion chrétienne. Rien n'illustre mieux la conscience qu'avaient d'eux-mêmes bien des intellectuels de cette époque, que la belle phrase du célèbre génie universel qu'était Pic de la Mirandole au XVe siècle. Il mit dans la bouche du démiurge créateur les paroles que voici : « Ô Adam, nous ne t'avons pas donné une place déterminée, pas une forme propre, pas de dons déterminés… de sorte que tu puisses les obtenir selon ton vœu, selon ta volonté. Tu détermineras ta nature selon ta volonté. Tu es le seul être que ne lie aucune limite, si ce n'est celle de ta volonté, que je t'ai donnée [1]. » Il est amusant de constater que Pic de la Mirandole affirme déjà la thèse que Jean-Paul Sartre proclamera quatre siècles plus tard, comme révolutionnaire, thèse selon laquelle l'homme n'a pas d'essence (pas de nature) parce que, comme existence, il est appelé à se la donner à lui-même. La phrase de Pic de la Mirandole exprime en tout cas fortement la conscience qui était réellement nouvelle et caractéristique de la modernité : la conscience que l'homme est créé avec une liberté dont le véritable but et dont le sens résident dans l'auto-réalisation de l'homme.

1. Nous reprenons la citation à Ernst Cassirer, *The Individual and the Cosmos in the Renaissance Philosophy*, trad. M. Domandi, New York, Harper and Row, 1963, p. 65 (ici ma traduction en français).

Cette modernité est née dans la civilisation chrétienne. Comme les auteurs cités (Pic de la Mirandole, Descartes, Grotius...) en témoignent, au départ la modernité ne s'est pas formée en opposition à la religion chrétienne. En fait, la religion chrétienne a rendu la modernité possible en raison des particularités du monothéisme que j'ai mises en profil dans le chapitre précédent. Il y a cependant un dynamisme conflictuel dans la modernité, comme je l'ai également dit. Aujourd'hui, les Églises se trouvent encore pleinement dans les turbulences de ces conflits. Ce conflit était et est tout à la fois rationnel et religieux ; mais il a souvent été troublé par de fortes charges affectives, franchement irrationnelles. Ainsi, dans la conscience de réaliser un progrès, l'idée de modernité pouvait régulièrement véhiculer un lourd mépris pour les traditions. Sans quasiment rien en savoir, on parlait des « temps obscurs » du Moyen Âge. Même le grand Goethe, lors de son voyage en Italie, allait pompeusement saluer un petit temple romain à Assise, mais passait avec dédain à côté des monuments portant les souvenirs de François d'Assise. On rencontre encore pareil mépris « moderniste » dans la Grèce actuelle. Des scientifiques grecs m'ont dit qu'en Grèce, le pays où quatre-vingt-quinze pour cent des personnes se disent chrétiennes et affirment croire en la divinité et en la résurrection de Jésus-Christ, beaucoup d'intellectuels, surtout les scientifiques, n'y ont en secret que mépris pour leur religion. Mais, me déclaraient mes interlocuteurs, la religion est tellement tissée avec la culture officielle de la Grèce qu'elle est un tabou.

Curieusement, au mépris pour la religion que suscite la modernité chez les uns, correspondent chez d'autres, notamment les fondamentalistes et les intégristes, un mépris et une haine analogue pour la civilisation moderne, civilisation satanique, disent certains.

D'autres critiquent la modernité pour des raisons très différentes et veulent promouvoir une époque post-moderne. Je ne dirai qu'un mot de ce qu'on désigne par ce terme peu poétique et plutôt vague. Il semble que ce terme a été inventé dans le milieu des architectes qui réagissaient contre le style trop durement rationnel et technique des années vingt et trente de notre siècle. Le mot « post-moderne » a ensuite été pris et utilisé par certains pour rassembler dans un mouvement commun diverses critiques de l'époque moderne. Ainsi a-t-on appliqué ce terme à un certain retour à « un religieux » sans foi monothéiste, ou aux intérêts et spéculations ésotériques actuellement fort répandus, ou encore au mouvement écologique et romantique de retour à la nature. Personnellement je ne crois pas que tout cela représente déjà une nouvelle grande époque de notre civilisation. Je pense même que beaucoup des accomplissements modernes resteront des transformations définitives de l'esprit et du monde et que ce qui viendra après, *post*, n'abolira pas ce qui a été effectué. Tout comme je n'imagine pas qu'une personne de chez nous retourne avec sérieux à la civilisation et à la culture polythéistes.

La raison philosophique.

La modernité a pris son nom dans l'Europe chrétienne, lors de la Renaissance. Mais elle n'aurait pas été possible si elle n'avait pas été la reprise et la poursuite renouvelée de la rationalité grecque. La conjonction des deux grands éléments culturels que sont la rationalité grecque et la religion chrétienne, a en tout cas été un facteur décisif dans la préparation de la modernité.

Après l'évocation de la rupture religieuse et culturelle qu'a été le monothéisme, je porterai maintenant un moment mon regard vers la rupture qu'a représentée la rationalité grecque. J'aime mettre celle-ci en lumière en rapportant un beau texte de Husserl. En 1935, vers la fin de sa vie et en réfléchissant sur la crise de l'humanité en ce temps des idéologies anti-humanistes — nazisme, communisme russe —, Husserl se demande avec anxiété si les contre-philosophies *(die Unphilosophien)*, comme il les désigne, l'emporteront sur les philosophies qui luttent pour réaliser le véritable sens de la philosophie : l'effectuation de l'humanité des hommes. Alors se décidera, écrit-il, si la finalité (le *telos*) innée dans l'humanité européenne, innée avec et par la philosophie grecque, n'est qu'un fait historique contingent ou bien si cette finalité que la philosophie grecque a introduite dans l'humanité européenne est une nécessité d'essence, une finalité donc qui advient à elle-même avec la vraie philosophie. Husserl observe qu'au cours de l'histoire et dans les différentes régions du monde, il y a eu beaucoup de types d'humanités, des types de civilisations très différentes de celle de l'Europe. Beaucoup de ces civilisations ont disparu, il est vrai. Comme le disait avec éloquence le grand poète français Paul Valéry : « nous autres civilisations sommes mortelles ». Husserl pose la question : est-ce que la civilisation européenne va, elle aussi, disparaître ? En principe, écrit-il, on pourrait penser que par la philosophie grecque un principe d'immortalité culturelle a été développé dans la civilisation européenne. Ce qui est propre à l'Europe, c'est qu'avec la philosophie grecque est venu au jour pour la première fois l'homme comme être de raison, entendons — je cite : « L'être dans lequel se manifeste la volonté infinie de se donner à soi-même les normes *(Selbstnormierung)* de cette vérité et authenticité humaine. » En réfléchissant à la crise de civilisation de l'avant-guerre, Husserl pose donc la question : est-ce que l'Europe va sombrer dans le scepticisme et dans le nihilisme ? Ou est-ce que la vraie philosophie va continuer de stimuler la recherche des connaissances et l'autonormation par la raison ? Husserl avait jusque-là pensé que la rationalité scientifique, humaniste et éthique faisait partie de l'essence de l'être humain tel qu'il a vu le jour en Europe et que rien ne pouvait donc le détruire. En 1935, il souligne que cette dignité humaine est confiée au souci de l'homme et qu'elle peut se perdre. Mais si l'Europe sauvegarde son humanité, écrit-il encore, alors on pourra dire que « la philosophie, la science seraient … le mouvement historique de la révélation *(Offenbarung)*, de la raison universelle *(Vernunft)* »[1].

Explicitons ce texte de Husserl. Depuis que l'homme existe, il est l'être doué de langage et de raison. Un enfant l'est déjà à sa manière. Mais dans la Grèce de Socrate, une virtualité humaine a été actualisée dans et par la philosophie et la science. Cette actualisation est un événement historique, contingent, qui a eu lieu après des millénaires d'existence de l'homme. Mais une fois que cet événement culturel a eu lieu, en principe quelque chose d'essentiel est changé dans l'humanité. Et Husserl définit ainsi cet événement : l'invention de la philosophie et de l'esprit scientifique a été la révélation de la raison universelle. Bien entendu « révélation » n'a pas ici le sens théologique. Mais Husserl reprend ce mot théologique pour mettre en profil sa conviction que, par l'invention grecque de la rationalité, l'humanité a été enrichie d'une dimension nouvelle et fondamentale et qui est destinée à faire définitivement partie de l'esprit européen et même à se communiquer à l'humanité entière ; si du moins la contre-philosophie barbare ne la détruit pas.

L'idéal de la vérité.

Ce que Husserl dit de très juste et de très important dans ce texte un peu complexe, c'est que dans la philosophie grecque surgit pour la première fois le type d'humanité pour lequel la raison comme recherche méthodique de la vérité pour la vérité, constitue une valeur propre. Cette raison, de type philosophique, définit la norme d'un type particulier d'humanité. Après coup, on peut dire que cette rationalité existait déjà, mais qu'elle était cachée dans l'homme. Avec la philosophie grecque, elle s'est en tout cas actualisée et révélée. Depuis ce temps-là, cette finalité insiste inlassablement pour se réaliser pleinement. Si cet esprit

1. *Die Krisis der europäischen Wissenschaften und die Transzendentale Phänomenologie*, Éd. W. Biemel, La Haye, Nijhoff, 1954, p. 13.

philosophique se maintient contre les contre-philosophes, alors on pourra conclure que cette éthique de la vérité et de la rationalité est valable pour toutes les civilisations et qu'elle se manifeste comme la raison universelle.

Il est clair que, par rationalité, Husserl n'entend pas le rationalisme étroit de ceux qui identifient rationalité et athéisme militant. Il est clair aussi que, dans l'esprit philosophique, Husserl inclut la science. Ce qu'il vise, c'est la recherche désintéressée, libre, méthodique de la vérité en tout domaine.

Plus tard, dans sa conférence « Qu'est-ce que la philosophie », Heidegger répétera la thèse de Husserl en disant fermement que la philosophie est d'origine et d'essence grecques. Cela ne signifie pas que d'autres civilisations n'auraient apporté aucune doctrine de sagesse ni aucune réflexion sur la logique. Je partage cependant l'idée de Husserl que la philosophie comme recherche systématique de la vérité, sans autre but que la connaissance de la vérité, nous est donnée par les anciens Grecs. Et avec lui je pense également qu'une fois actualisé, cet esprit est devenu un *telos*, une finalité qui a continué de travailler l'humanité occidentale, entre autres dans la passion des recherches scientifiques fondamentales et désintéressées, sans but pratique. Cet esprit de vérité représente un des très nobles aspects de l'éthique humaniste.

Contingence et universalité.

La raison philosophique n'est pas tombée en Grèce comme un météore dans un désert. Par l'interaction de ses composantes, un bouillon de culture y a ouvert à l'esprit la possibilité de raisonner et de penser en obéissant à la seule autorité de la vérité. Des spécialistes de la Grèce antique, comme Vernant, pensent que, par leur genre propre, les mythes grecs se prêtaient à la transmutation de la mythologie en philosophie. En effet, comme l'écrit un autre historien de la religion grecque, pour les Grecs « Toutes les formes et tous les phénomènes réfèrent au divin… L'image du dieu demeure dans la ligne de la nature… »[1]. Quand on suit la ligne des réalités naturelles on aboutit aux dieux. Or, se représenter les dieux grecs, c'est connaître les principes du cosmos ; dans les dieux des récits mythologiques, on pouvait en effet reconnaître des principes immanents du cosmos. En poursuivant cette ligne de pensée, on en est arrivé à penser les divinités, principes de la nature, comme des concepts théoriques, des concepts qui désignent les essences des choses qui composent le monde : le fer, l'eau, la lumière, le temps, la vie… Ceci est très intéressant à observer : les représentations religieuses se convertissent en principes théoriques. Cela s'est passé à l'origine de la philosophie et de la science lorsqu'elles ont commencé à penser théoriquement les choses observées. Nous verrons que le rationalisme moderne reprendra parfois le projet de convertir des données de la religion chrétienne en concepts théoriques. C'est ce que, par exemple, Jacques Lacan essayera de faire dans sa théorie psychanalytique de la psychose. Avant lui, Freud avait déjà voulu mettre la psychologie de la religion au programme de la formation des psychanalystes, car l'avènement dans la Bible de la conception paternelle de Dieu lui paraissait un événement culturel et psychologique fondamental.

En réfléchissant à la venue au monde de la raison philosophique, Husserl avoue être à nouveau frappé par la nature paradoxale de cette création de l'esprit humain. D'une part, comme création, elle est une réalité culturelle *contingente*, qui aurait pu ne pas se produire. Les circonstances tragiques du temps de Husserl montrent aussi que, de soi, cette valeur n'est ni *universelle* ni éternelle. D'autre part, pour celui qui y réfléchit, la finalité interne de la raison philosophique la destine à devenir une valeur universelle dans l'humanité. Celui qui apprécie la volonté de vérité qui se manifeste dans la philosophie, doit dire qu'elle fait partie de la dignité de

1. W. F. Otto, *Die Götter Griechenlands. Das Bild des Göttlichen im Spiegel des griechischen Geistes*, Francfort-sur-le-Main, Schulte-Buemke, 1947, p. 166.

l'homme. Par la naissance de la philosophie, l'homme prend conscience de ce qu'il est : *logon echoon*, l'être de langage qui, grâce au langage, est l'être de la raison. Cette prise de conscience de la nature de l'homme a été effectuée par une civilisation déterminée ; mais par sa nature même, cette conception de l'homme est destinée à devenir l'idée vers laquelle s'orientera universellement l'humanité. Cependant cette destination humaniste est confiée au souci de l'homme lui-même, car elle n'est pas déterminée par des lois de la nature (la *physis*).

On peut comparer cela avec la révélation de Dieu que raconte la Bible. Après l'introduction du monothéisme dans l'humanité, pour ceux qui ont été touchés par lui, il n'y a plus de retour possible au polythéisme. Et, d'après mes observations systématiquement conduites, les incroyants de nos pays se réfèrent, eux aussi, au Dieu biblique quand ils parlent de Dieu. Un événement historiquement contingent peut ainsi devenir une vérité ou une référence nécessaire.

La philosophie comme connaissance théorique et comme sagesse religieuse.

La philosophie s'est faite en transformant en concepts théoriques les idées et le langage de la religion. Portée par les mythes, la philosophie n'a pas inventé les dieux ; elle les a rencontrés. Mais lorsque la philosophie a transformé les dieux en principes du cosmos, que va-t-elle faire de la religion et du mot « dieux » ? Elle va essayer de leur donner une place dans le système de la raison. Pythagore, philosophe et mathématicien du VIe siècle avant J.-C., a tracé la voie pour cette philosophie religieuse. Il enseigne une combinaison d'intelligence théorique, de sagesse éthique et de spiritualité religieuse contemplative. Il fonde même une sorte de monastère où l'on suit des règles de conduite très strictes, un ordre du jour structuré et une initiation progressive. Au maître de ce style de vie et de religion il donne le nom de *philosophos* : l'ami de la sagesse. Ce qui est remarquable, c'est la tournure rationnelle qu'avec

Pythagore la philosophie, l'éthique et la religion ont prise. Tous ceux qui ont fait un peu de mathématiques connaissent le théorème de Pythagore sur le carré de l'hypoténuse. Peut-être savent-ils aussi qu'il a inventé le système décimal et la table de multiplication. En se référant à Pythagore on laisse cependant trop à l'ombre ce qui, pour lui, était l'essentiel : la conviction que les nombres constituent les principes qui sont au fond de toutes choses. Connaître les choses, c'est voir que les nombres en forment la substance secrète. Cette théorie a réellement posé le fondement de la rationalité scientifique ; celle-ci consistera, en effet, à tenir pour principe que l'univers est régi par des lois mathématiques. La recherche procédera dès lors à l'observation et à la calculation. Mais Pythagore prolonge son principe de la rationalité par sa théorie du divin. Il reprend le langage religieux sur les dieux immortels. Ce qui lui importe, toutefois, c'est que la sphère des dieux consiste dans le « cosmos », au sens qu'il a donné à ce mot : le monde d'ordre parfait et de beauté, le monde parfaitement ordonné selon les lois et les harmonies du nombre. En l'homme lui-même il y a une part de cette nature divine, car son âme ressemble au divin et, elle aussi, est immortelle. La destinée de l'homme est d'accomplir cette part de nature divine qu'est l'âme ; il peut et il doit le faire par une vie d'observance d'une série de préceptes et d'interdits ayant un sens symbolique-mystique, par la pratique de la musique, par des exercices corporels et par l'initiation théorique et la contemplation philosophique-mystique. La religion et la rationalité philosophique se confondent ainsi : toutes deux consistent à « suivre la divinité » et à « devenir ainsi semblable à la divinité » *(homoiôsis tô theô).*

N'est-il pas saisissant de constater qu'à son origine, l'idéal de la rationalité se pose et s'affirme comme l'unité indissociable d'observation et de constructions théoriques scientifiques, d'anthropologie et d'interprétation philosophiques, d'éthique et de philosophie religieuse contemplative ? Je pense que la poursuite d'un tel idéal est ce qui continue d'animer, souvent secrètement, la passion de la recherche philosophique et scientifique. On cherche à avoir part à un mystère divin que la raison présume être au fond des choses. La rationalité philosophique et scientifique a ainsi établi une certaine disposition religieuse qui, pour de nombreux philosophes et scientifiques, représente la vérité de la religion. On songe ici à Spinoza, à des philosophes allemands de l'*Aufklärung*, à Einstein, à Bergson avant sa conversion. On retrouvera cela, avec un accent d'impuissance et de souffrance, chez des penseurs structuralistes comme le psychanalyste Jacques Lacan. Dans la modernité de l'Occident, ce sera la religion chrétienne qu'on essayera de réinterpréter comme un ensemble de représentations imaginaires et symboliques des fondements rationnels et cachés de l'univers.

Avant de poursuivre ma remémoration de la rationalité philosophique, à la suite du philosophe Karl Jaspers, j'aimerais encore attirer l'attention sur le fait stupéfiant qu'à la même époque surgit en Inde Bouddha, le sage qui critique fondamentalement la religion de l'Inde et qui diffusera un idéal d'ascétisme mystique sans divinité. En Palestine, en ce même temps, surgissent les grands prophètes (Isaïe, Osée...) qui ont approfondi et spiritualisé le monothéisme et annoncé le Messie à venir. Ces trois courants sont devenus les trois grandes forces spirituelles de l'humanité. Celles qui viennent de la Grèce et de la Palestine se sont rencontrées en Europe lors de la conversion de celle-ci à Jésus-Christ.

L'idéal philosophique restera longtemps aussi englobant que l'était la religion à laquelle la philosophie vient se substituer en proposant la religion comprise en vérité. Ainsi aux Ve-IVe siècles avant J.-C., Socrate sera à Athènes le maître par excellence de ce style de pensée et de vie où la philosophie est également sagesse morale et contemplation religieuse. Aristote caractérise parfaitement le phénomène Socrate. Celui-ci, écrit-il, a été le premier à avoir appliqué à l'étude des vertus morales les principes et le raisonnement de la véritable science (*Métaph.* XIII, 4, 1078 b). Socrate représentait, en effet, l'idéal de la vie philosophique. Il la pratiquait et l'enseignait et il apprenait à fonder les principes éthiques dans la raison. En 399 avant J.-C., Socrate a été condamné à boire le poison mortel. Le récit que Platon fait de sa mort mystique demeure un chef-d'œuvre émouvant. Socrate fut officiellement condamné à mort pour *asebeia* : irréligiosité ou impiété. Bien des historiens pensent que ce n'était là qu'un prétexte, qu'en réalité les magistrats et les politiciens haïssaient Socrate, parce que ce rude bonhomme supérieurement intelligent leur faisait un peu trop la leçon. Mais même si le motif de la condamnation n'a été qu'un prétexte, celui-ci est significatif. Les magistrats ont bien perçu que la raison philosophique de Socrate signifiait la rupture avec toute la manière religieuse habituelle de parler, de penser et d'agir.

L'arbre philosophique grec pousse ensuite deux branches puissantes qui, de manière différente, intègrent et transforment la religion en une philosophie religieuse : la branche platonicienne et la branche aristotélicienne. La philosophie religieuse de Platon se trouve par excellence déployée dans son admirable livre *Symposium* ou *Le Banquet*. Six amis y exposent leur conception d'*eros*. Rappelons d'abord que pour les Grecs *eros* était tout à la fois un dieu, la sexualité, le désir et l'amour. Au Banquet de Platon, les six amis essayent d'y voir clair. Phèdre, un poète, répète la mythologie d'Hésiode selon laquelle Éros est un grand dieu, un dieu qui donne à l'homme ce qui est son plus grand bien. Pausanias, moraliste, distingue ensuite les différentes formes de sentiments et de pratique de l'*eros* et conseille sa pratique vertueuse. Le médecin Eryximaque développe sa philosophie de la nature et montre que la sexualité est une force en tout être vivant ; il donne aussi des conseils d'hygiène. Aristophane raconte sa mythologie sur l'origine de la différence des sexes. Après un bref éloge d'*eros* par le poète fêté Agathon, Socrate vient alors enseigner la véritable intelligence d'*eros* comme sexualité, désir et amour. En fait il rapporte la révélation que lui aurait faite la prêtresse Diotime. L'*eros* est le désir amoureux qui s'adresse spontanément au beau corps. Mais si on analyse l'essence de cet *eros*, on s'aperçoit qu'il veut aller au-delà du corps, vers l'attachement à la belle âme de l'aimé. À ce moment d'élévation, *eros* pousse à monter plus haut : vers la beauté du *theion*, du divin dont toute beauté périssable n'est que le reflet.

Platon propose ici une étonnante philosophie de la sexualité comme amour-désir qui est aussi puissance et admiration esthétiques. Il y a dans cet *eros* une finalité intrinsèque, dit Platon, qui conduit à l'expérience contemplative d'un divin impersonnel. Le désir est immanent à la sensibilité pour la beauté sensuelle. Il devient ensuite ce qui anime l'admiration pour la beauté et la noblesse d'âme. Mais l'*eros*-désir est aussi d'une certaine façon transcendant à ces deux formes de plaisir pris dans la beauté humaine. C'est dans la jouissance contemplative du divin que le désir d'*eros* trouve son accomplissement.

En réfléchissant à ce texte de Platon, je suis impressionné, pour ma part, par son actualité et sa profondeur. Platon y met en lumière ce qui chez beaucoup d'artistes et chez beaucoup de personnes cultivées incroyantes ou à demi croyantes est leur disposition religieuse : une sorte d'expérience d'un divin anonyme, dans la jouissance esthétique, mais sans une foi religieuse déterminée, sans l'idée d'un Dieu réellement personnel.

Avec moins de poésie et plus de vigueur rationnelle, Aristote défend, lui aussi, l'idéal de la vie philosophique. La philosophie est science universelle, parce que science des causes premières, celles qui dépassent les sens, écrit-il. Or, écrit-il encore, « dieu paraît être une cause de toutes choses et un principe » (*Métaph.* I, 2, 983 a, 8-9). La philosophie est donc la science contemplative de ce dieu. L'idéal éthique supérieur est le *bios theorèticos*, l'existence théorique, entendez : l'existence contemplative philosophique qui connaît le divin et s'attache à le contempler avec la raison éclairée. Ici également la religion devient l'ensemble de la recherche philosophique et de la mise en pratique éthique de la philosophie.

La branche aristotélicienne de l'arbre philosophique déploie donc la raison explicative qui devient contemplation rationnelle. De l'idée religieuse du dieu, Aristote fait la cause explicative ultime dans son système cosmologique et métaphysique. De cette manière il maintient le mot « dieu » *(theos)* et il identifie par ce terme la cause finale ultime du système du monde ; cette cause se trouve dans une entité individuelle qui représente la connaissance théorique parfaite.

Par ces deux voies, celle de l'amour-désir et celle de l'explication rationnelle, la philosophie grecque entend ainsi dépasser la religion polythéiste avec ses écrits mythologiques et ses pratiques rituelles. Elle spiritualise et rationalise la religion. Le dieu ou le divin auquel elle aboutit a cependant toujours le statut ambigu d'être immanent au monde tout en étant de manière incertaine transcendant. Ce divin ou ce dieu n'est pas réellement Autre et personnel. Entre lui et l'homme ne peut pas s'instituer une véritable relation.

Philosophie mystique.

Au IIIe siècle après J.-C. le néoplatonisme de Plotin affermit et systématise l'orientation de la philosophie vers une contemplation théorique et mystique. Plotin élabore une voie rigoureuse d'ascension de l'esprit vers le divin, et, au-delà du divin, vers l'un. Cette voie laisse derrière elle toutes les représentations religieuses et toutes les pratiques rituelles. Plotin définit les étapes de la purification ascétique systématique de toutes les facultés humaines : sensibilité, imagination, désir, raison. Cette mystique est sans dieu parce qu'elle veut dépasser les représentations de dieu. Cette philosophie mystique foncièrement imprégnée par le divin était si puissante et si élevée que, dans les milieux intellectuels, elle était la grande rivale de la religion chrétienne. Dans le récit autobiographique de saint Augustin, on peut lire combien le néoplatonisme l'avait fasciné et comme la religion chrétienne lui avait paru méprisable, comparée à cette souveraine spiritualité philosophique. On le comprend : quand la raison a d'abord démystifié les récits imaginaires sur les dieux, quand la raison promet d'accomplir le désir de bonheur en le conduisant à la vie contemplative, alors les histoires de la Bible et celles de la religion chrétienne paraissent facilement être des imaginations semblables aux mythes. Et les pratiques rituelles semblent être des restes d'anciennes religions populaires qui ne sont pas encore spiritualisés par la raison philosophique. Ces questions fondamentales sont entraînées par la venue au monde de la raison philosophique. Elles sont toujours actuelles. On n'a qu'à penser à l'attrait qu'exerce sur des intellectuels mi-croyants ou incroyants le vrai bouddhisme, soit le bouddhisme le plus rigoureux, soit le bouddhisme sobrement religieux d'Amida.

Il est intéressant de voir qu'après sa conversion Augustin affirme que la foi chrétienne est la vraie philosophie. En disant cela, il parle comme Socrate, Platon et Aristote : il donne toujours à la philosophie la tâche de conduire l'homme à la perfection de son humanité, par l'orientation vers la vérité. Pour lui aussi, comme pour Plotin, la philosophie reprend l'intention secrète de la religion en la purifiant. De ce fait la philosophie devient science contemplative. Mais en reconnaissant dans la religion de Jésus-Christ la vérité ultime, Augustin donne ensuite à la philosophie la tâche de se dépasser dans la foi. Il appelle alors celle-ci la vraie philosophie. Cela n'empêche pas Augustin de faire régulièrement de très pénétrantes et rigoureuses analyses proprement rationnelles-philosophiques. Ainsi, juste après sa conversion, consacre-t-il une brillante petite étude à la musique ; puis il élabore de véritables philosophies de la mémoire, du temps, du désir, du bonheur…

La vérité comme certitude.

La scolastique thomiste.

Au XIIIe siècle, par la médiation des penseurs arabes, les écrits d'Aristote font leur entrée en Occident. Cela produit une véritable révolution de la pensée et provoque dans le christianisme occidental de violentes polémiques, opposant ceux que nous pourrions appeler les modernes, comme saint Thomas d'Aquin, et les autres, disons pour faire bref, les augustiniens. Je ne méconnais absolument pas le génie philosophique, théologique et littéraire de saint Augustin et j'aime le lire, alors que les textes de saint Thomas d'Aquin ne me paraissent intéressants que par la puissance sèche de leur intelligence constructive et la rigueur de leurs distinctions. Ces textes sont cependant extrêmement importants par la différenciation qu'il fait entre théologie et philosophie. À la faveur des écrits d'Aristote et avec le regard sur la théologie de la création et de la révélation, Thomas d'Aquin a pu reconnaître explicitement les possibilités qui sont propres à la raison autonome. Le monothéisme biblique lui a enseigné la confiance dans la raison et dans l'ordre naturel créés par Dieu. Par sa foi, il ne cherche pas non plus le salut de l'homme dans une philosophie qui absorbe et entend dépasser la religion.

La philosophie de saint Thomas est indéniablement une philosophie orientée par l'existence chrétienne. La métaphysique des preuves de Dieu et de la nature divine y est élaborée sur un fond de convictions chrétiennes présupposées. Ce qui importe, c'est l'effort pour distinguer raison et foi et l'affirmation simultanée que la foi, tout en n'étant pas philosophie, doit être raisonnable. À ce propos, j'estime très heureux qu'au siècle passé l'Église catholique ait proposé le néothomisme comme orientation de pensée pour les universités catholiques et pour les séminaires. Par « néothomisme » j'entends, non pas la répétition de la métaphysique et de la théologie de Thomas d'Aquin, mais l'affirmation de l'autonomie de la raison philosophique et scientifique dans les différentes disciplines, même dans les sciences de la religion, et la confiance qu'en principe il y a un horizon d'accord possible entre la raison autonome et la foi, même si on ne le voit pas d'emblée.

Descartes.

En allant de saint Augustin ou des Pères de l'Église à Thomas d'Aquin, on a le sentiment de passer à une pensée moderne ; on avait déjà fait cette expérience en quittant les mythes et en entrant dans la lecture d'Aristote. Mais en passant ensuite de Thomas d'Aquin à Descartes au XVIIe siècle, on a le sentiment vif de s'introduire dans la véritable modernité. C'est à raison que les historiens font commencer l'époque moderne de la philosophie avec Descartes. Ils auraient néanmoins tort de considérer le Moyen Âge comme le temps intermédiaire (moyen) des ténèbres, ainsi que le faisaient ou le font encore des rationalistes bornés. Le Moyen Âge a été une explosion d'inventions techniques et agricoles, d'organisations et d'échanges commerciaux, de créations artistiques en poésie, en architecture, en sculpture. Le Moyen Âge a revêtu l'Europe de ses cathédrales et il lui a donné ses universités.

Ce qui, pour nous, est moderne en Descartes, comme ce qui était nouveau pour ses contemporains, c'est son exigence de penser par lui-même la vérité, au point qu'il commence par *vouloir douter* de tout, jusqu'au moment où il peut énoncer un jugement avec la certitude de dire vrai. Comme l'a très bien vu Heidegger, avec Descartes la vérité est devenue identique à la certitude, avec tous les problèmes que cela comporte et que cela entraîne.

Regardons de plus près ce qu'implique cette nouvelle conception de la vérité mise en œuvre par Descartes. Il commence par fixer un point de départ, comme une case zéro, sans présupposition. C'est la première fois qu'on procède ainsi. Et le point de départ, c'est la volonté de douter de tout. Je le souligne : la volonté de douter n'est pas le scepticisme ; bien au contraire, cette volonté comme décision libre est l'acte de celui qui, comme Husserl, a la foi originaire (l'*Urglaube*) de pouvoir atteindre la vérité. La vérité après le doute, c'est la vérité qu'on est convaincu de posséder avec certitude. Je note à nouveau que la philosophie se trouvait religieusement à l'aise ici en formulant le doute systématique. En effet, Descartes pouvait laisser à la religion chrétienne la charge de dire le sens de l'existence et de se prononcer sur les vérités dernières.

Le doute de Descartes était donc un principe de recherche méthodique de la vérité, avec la certitude anticipée de pouvoir la trouver. Ce doute se déploie à l'intérieur de la philosophie, mais a été stimulé par les observations scientifiques. La description que Descartes en fait est parfois naïve. Ce qui importe, c'est le principe, à savoir l'observation que les perceptions des sens nous trompent et que nous devons donc mettre en question les idées habituelles qui nous sont données par nos sens : par l'oeil, par le toucher, etc. La terre nous paraît immobile, alors que c'est elle qui est en mouvement, avait démontré Galilée, ce qui paraît matière consistante peut être modifié par manipulation, notre corps intérieur n'est pas ce qu'on croit, et ainsi de suite. On peut comparer ce doute universel avec l'idée d'une certaine pensée religieuse de l'Inde et avec le bouddhisme qui affirment que toutes nos représentations sont des illusions. Il y a cependant cette différence fondamentale ; la volonté du doute radical ne dérive pas de sources religieuses, car il a son origine dans la passion de la vérité et dans la confiance de l'esprit de pouvoir trouver celle-ci.

En posant son principe méthodique du doute, Descartes formule réellement un des principes essentiels de la modernité. Cette position entraîne d'autres déplacements dans la manière de penser et dans la sensibilité. Le projet de prendre son point de départ dans le doute signifie de fait une rupture avec la coutume médiévale de se référer à des autorités et de les commenter. Cette coutume était en réalité la mise en pratique, en philosophie comme en théologie, d'un état d'esprit très profondément ancré dans toutes les civilisations : la conscience d'être en continuité avec le passé et d'avoir reçu en charge l'héritage d'une tradition riche d'humanité et de sens religieux. Saint Thomas prend de la liberté envers les autorités porteuses de la tradition, mais il leur reconnaît une présomption de vérité et il les commente avec respect. Sans esprit polémique, comme si cela allait de soi, Descartes entend tout simplement trouver lui-même la vérité qui lui paraît certaine.

Descartes se met ainsi dans une nouvelle orientation du temps vécu : celle du temps qui va vers le futur à faire par soi-même. Par la suite cette orientation prendra souvent l'allure d'un combat contre la tradition. Le célèbre anthropologue Claude Lévi-Strauss l'a plusieurs fois souligné : les modernes et surtout les contemporains cherchent leur identité en opposition à la tradition, alors que, dans les anciennes civilisations, les hommes trouvaient leur identité par l'intégration dans leur vie personnelle de l'héritage culturel transmis par la tradition.

Deuxième déplacement entraîné par cette nouvelle philosophie : en cherchant la vérité certaine et en cherchant à atteindre celle-ci par le doute systématique, Descartes met au centre de la conscience l'attention de la conscience à elle-même. Car, douter systématiquement, s'est s'interroger sur soi-même, sur ses idées, ses convictions, ses comportements, ses préjugés. Ce qui jusque-là avait été un procédé moral, celui de l'examen de conscience, devient ici une technique de vérité théorique. Comme on l'a dit, de la conscience Descartes a fait une conscience consciemment réflexive, une conscience qui se prend elle-même pour objet. Révolution de la pensée qui aura une immense influence. Ce changement transforme même le sens de certains mots importants. « Conscience » signifiait jusque-là conscience morale ; maintenant le mot a pour sens la pensée théorique qui s'examine elle-même pour se connaître et pour connaître le monde objectif. « Sujet » signifiait jusque-là ce dont on parle. Maintenant l'ego est lui-même ce qu'on étudie réflexivement ; aussi le mot « sujet » désigne à présent tout à la fois celui qui examine et ce qui est examiné. À partir de là le mot « sujet » va signifier l'ego qui réfléchit, parle et agit. La voie est ainsi tracée vers le subjectivisme dans la culture et dans la pensée occidentale. Et aussi vers l'exploration systématique de la subjectivité, entre autres dans la psychologie scientifique et dans la psychanalyse.

Conclusion.

Il me reste à évoquer les problèmes que la nouvelle rationalité critique posera pour la religion chrétienne.

1. Si la vérité est la certitude de la raison qui possède ses idées claires, y a-t-il encore une vérité autre, spécifique qui serait révélée dans et par la relation à autrui ? La suite de l'histoire de la philosophie le montre : la philosophie de Descartes a créé un nouveau problème, celui de l'intersubjectivité. Or, de toute évidence, cette question est fondamentale dans la religion qui est celle de la relation personnelle de Dieu à l'homme et de l'homme à Dieu.

2. Dans le prolongement de cette question se pose aussi celle du statut de la foi. La foi, en effet, est la disposition religieuse spécifique de la religion de la révélation. Or, si je juge le croire à l'aune de la vérité-certitude, est-ce que le croire n'est qu'une connaissance incertaine, une croyance, comme l'ont dit et le disent les esprits rationalistes ou ceux qui sont influencés par le rationalisme et par le positivisme ?

3. Si l'axe du temps pensé et vécu est celui qui va vers l'avenir à partir d'un ego libéré des autorités du passé, comment donner sa place légitime à une tradition qui transmet la révélation historique ?

CHAPITRE III

SCIENCE ET TECHNOLOGIE : LE MONDE COMME SYSTÈME RATIONNEL FERMÉ

On s'accorde généralement à lier le commencement des Temps modernes à trois noms : Galilée, fondateur de la physique dynamique, expérimentateur et astronome ; Francis Bacon, qui a construit la théorie de la méthode expérimentale ; René Descartes dont nous venons de voir l'immense importance dans la théorie de la connaissance. Dans ce chapitre, nous allons voir que la connaissance scientifique présuppose et confirme la représentation du monde comme système fermé, ce qui d'une certaine façon rend Dieu effectivement invisible, rend problématique l'idée de miracle, et introduit un changement de paradigme en rapport à la vie et à Dieu. Nous prenons notre point de départ dans l'observation astronomique de Galilée.

Galilée, sa lunette, sa réponse au pape.

L'histoire est célèbre : Galilée a construit un télescope assez rudimentaire avec lequel il a regardé la Lune et les phases de Vénus. Ses observations confirment selon lui que c'est la Terre qui tourne autour du Soleil, et non pas l'inverse. Condamné par un pape longtemps hésitant et qui a cédé aux insistances de théologiens romains, Galilée répond : « *eppur si muove* » (et quand même, c'est elle qui bouge).

Qu'y a-t-il de si important dans cette histoire dont on célébrait encore récemment l'anniversaire ? En première instance, le fait que, dans des questions où la science et la religion semblaient se contredire, la science a finalement eu raison contre l'autorité de l'Église. Des rationalistes, plus nombreux par le passé qu'au présent ont célébré cet événement comme un grand moment dans l'affranchissement de la raison, plus généralement même, comme une étape importante sur le chemin de l'homme qui se libère de la tutelle religieuse. Cette idée a traversé les Temps modernes ; vivant sur ses propres mythes, elle s'est même retournée en idéologie oppressive. Au nom de la raison affranchie, certaines autorités sont allées jusqu'à interdire la publication de journaux chrétiens et à défendre qu'à la radio ou à la télévision on parle du christianisme. Dans la stratégie visant à libérer l'esprit, on n'a pas toujours fait preuve de beaucoup d'esprit. Les touristes qui ont visité avant 1990 Léningrad (l'ancien et l'actuel Saint-Pétersbourg), et qui ont exploré le musée de l'athéisme étaient accueillis par une grande banderole portant les mots de Gagarine : « J'ai été dans le ciel et je n'ai pas vu Dieu. »

Il ne fait pas de doute que, dans la condamnation de Galilée, les théologiens responsables ont fait preuve d'un esprit autoritaire trop assuré, mais surtout d'une peur qui les a incités à la défense répressive. Ils ont senti que le cas dépassait la simple question de la Terre qui tourne autour du Soleil. Ce qui était réellement en jeu, c'était d'abord la position de l'homme. Selon le monothéisme biblique, Dieu a créé l'Univers pour l'homme. Que la création au sens biblique implique la finalité anthropologique, on peut le remarquer dès le premier chapitre du récit de la Genèse. Lorsque Dieu a créé la lumière, le Soleil et la Lune, la Terre et les océans, les plantes, les poissons et les animaux, alors, dans une phrase qui a un accent de jubilation, il se parle à lui-même et dit : « Faisons l'homme à notre image… et qu'il domine sur les poissons et la mer… ». Si l'homme est au centre de l'intention de Dieu lorsqu'il crée tout, il est normal que l'homme se pense comme le centre de l'Univers, et donc aussi qu'il se représente la Terre comme étant au centre de l'Univers. Pour la foi biblique, et aussi pour la philosophie spiritualiste, l'homme est effectivement au centre, en ce sens que, dans ses représentations, il est le centre significatif de l'Univers. D'ailleurs, par son corps, l'homme se place spontanément au centre avec tout ce qui fait partie de son existence corporelle : la Terre qui est son milieu de vie. Lorsque la science affirme que le Soleil est le centre d'un petit sous-système de l'Univers, l'homme éprouve une contradiction entre, d'une part, cette affirmation scientifique et, d'autre part, ce qu'affirme la religion et ce que lui suggère aussi son expérience naturelle de son monde. Car le symbolisme du centre, spontanément attaché à la Terre, est une donnée fort importante aussi bien dans l'anthropologie et dans la phénoménologie que dans la foi biblique en la création.

Le conflit entre les textes bibliques et la science n'est donc que la surface d'un conflit plus profond : le conflit entre la science et la foi telle que celle-ci se trouvait intellectuellement et affectivement liée au symbolisme vécu et pensé du centre. Mais sous ce conflit profond, il y a encore un conflit plus secret et qui concerne de nouveau le statut de la vérité en général.

En discutant de l'affaire Galilée on oublie souvent que d'autres avant lui avaient déjà proposé une cosmologie héliocentrique : dans l'antiquité grecque et, peu avant Galilée, Copernic et Kepler. Seulement, faute d'observations probantes, leurs conceptions étaient tenues pour des constructions mathématiques et des spéculations. On pourrait dire qu'on les regardait comme des mythes scientifiques, des mythes qui construisent un système ordonné du monde, sans les histoires mythologiques des dieux. Ce qui est nouveau chez Galilée, c'est qu'il conçoit et fabrique le premier instrument qui sert à observer les secrets du cosmos et de la nature, secrets qui sont normalement soustraits à la perception. Par l'observation techniquement médiatisée, Galilée transgresse la frontière entre le monde quotidien et l'arrière-monde qui était celui des mythes, des spéculations théoriques et des récits bibliques.

Dans la réponse que Galilée donne au pape, « *eppur si muove* », le *eppur* (pourtant) signifie qu'en dépit du langage biblique sur la création divine, ce qu'affirme la science comme fait est la vérité. Cette observation est grave, parce que pour Galilée, pas plus que pour le pape, les récits bibliques ne sont pas des mythes tels ceux sur l'origine de Rome ou sur les enfants de la nuit. Ce qui est en question, ici comme chez Descartes, c'est le statut de la vérité et l'autorité sur les textes de la révélation. La vérité concernant le mystère de l'arrière-monde et de l'organisation du cosmos se définit maintenant comme la certitude que donne l'observation instrumentalement médiatisée. À cet égard, la fabrication de sa lunette et ce qu'en fait Galilée ont autant sinon plus de portée révolutionnaire que la nouvelle épistémologie des sciences que construit Bacon au début du XVIIe siècle. Il s'agit dans les deux cas de vérifier, par l'observation méthodiquement élaborée, les idées spéculatives et bibliques sur les réalités non directement observables. Par son épistémologie qui prône la recherche scientifique faite par la méthode de l'induction, Bacon vise à détecter les lois internes des choses que celles-ci ne manifestent pas avec évidence. Par la construction de l'instrument, Galilée vise le même but et il l'atteint.

L'établissement et la diffusion progressive de cet esprit scientifique modifiera fondamentalement le paysage culturel et religieux. Comme dans le cas de Galilée, les conflits locaux, sur des questions particulières, entre la religion et la science, vont encore renforcer la méfiance envers des énoncés religieux qui dépassent la vérification scientifique. Le positivisme philosophique déniera même toute valeur de connaissance réelle aux conceptions qui ont une autre origine que les faits ou les lois que la technique scientifique peut porter au jour de l'observation. Par des réactions intempestives en des matières incertaines, certaines autorités religieuses et certains théologiens ont favorisé le scepticisme positiviste. L'éducation généralisée a par la suite largement répandu ce scepticisme. Il est intéressant à cet égard de noter comment le positivisme a détourné de sa véritable signification le sens chrétien des mots « dogme » et « dogmatique ». On utilise, en effet, ces mots pour qualifier toute position qui est arbitrairement et autoritairement affirmée. Et, dans l'esprit de bien des rationalistes, ce qui n'est pas une vérité rationnelle ou une vérité scientifique, n'est pas une vérité certaine. Affirmer comme certaine une conviction qui n'est pas garantie par la raison ou la science, c'est être dogmatique et autoritaire. Cet usage polémique du mot « dogme » fait alors aussi tomber le même mépris positiviste sur les affirmations de la foi : de la création du monde, du don de l'Esprit Saint, de la résurrection, etc.

La science transgressive.

Une volonté commande le projet de l'observation instrumentalement médiatisée : celle de transgresser les limites des connaissances normalement accessibles à l'homme. On veut pénétrer dans l'intimité cachée du monde et lui arracher les secrets voilés depuis des millénaires. Infiniment plus que par la découverte de l'Amérique par Christophe Colomb on étend ainsi l'empire de l'esprit humain sur la nature et sur le cosmos [1]. Toutes les découvertes qu'on faisait sur les civilisations américaines anciennes pourraient encore rentrer dans les catégories de pensée grecques et chrétiennes, comme le montrent les discussions qui avaient lieu sur l'âme et la destinée de ces peuples. Par l'observation scientifique instrumentalisée on fait effraction dans les réalités jusque-là apparemment réservées à Dieu : les êtres célestes dans le cosmos, la composition énigmatique de la matière, l'intérieur secret du corps humain, les substances mystérieuses du vivant.

1. Hannah Arendt a fortement souligné cette signification de l'affaire Galilée, dans *Condition de l'homme moderne*, Paris, Calmann-Lévy, 1961, p. 279 s.

La poussée de la connaissance scientifique vers les origines en particulier, communique un sentiment caractéristique de conquête prométhéenne. La passion qu'on y a engagée donne à penser que l'homme s'y exalte par le sentiment de reconquérir par lui-même le domaine que la religion avait réservé au Créateur. De fait, seuls les mythes et la Genèse biblique s'étaient jusqu'à maintenant énoncés sur l'origine du monde ; la philosophie n'avait pu que moduler le mythe. Les mythes et la Genèse de la Bible représentent un langage caractéristique sur les origines : ils les racontent en troisième personne, de la manière dont un témoin fait le récit de ce qu'il a vu. Or, aucun observateur n'était évidemment présent à l'origine. Les traditions religieuses tiennent dès lors ces textes sans auteur-témoin pour des textes surnaturellement inspirés où les origines divines se racontent elles-mêmes. C'est précisément de ces origines que l'homme se fait maintenant le témoin présent par la combinaison d'observations instrumentalisées et de constructions théoriques. En s'appuyant sur les données actuelles, il reconstruit l'origine et l'histoire subséquente sans lesquelles le présent ne serait pas ce qu'il est effectivement.

On connaît aussi l'enthousiasme des discours sur la création possible de la vie en laboratoire. Visiblement des hommes s'y sentent les rivaux de Dieu : comme Dieu ils pourraient créer l'animation d'une matière inerte en faisant jouer des automatismes chimiques. On n'a d'ailleurs pas manqué d'annoncer ces exploits encore hypothétiques comme une défaite pour la religion. Est-ce qu'on aurait pu tenir pareil discours, si aux confins de leur esprit bien des hommes n'avaient pas le sentiment de transgresser, par la science, les frontières que la religion avait tracées entre les domaines humain et divin ? Et n'est-ce pas pour la même raison subconsciente que des milieux religieux ont quelquefois réagi avec plus de méfiance que de compétence ?

Dieu rendu invisible.

Aujourd'hui les vrais scientifiques ne cèdent plus à la mythologie naïve d'une science qui serait sur la voie d'expliquer exhaustivement le réel. Bien au contraire ; les esprits réellement éclairés affirment que chaque avancée ouvre devant eux un horizon où surgissent de nouvelles questions. Bien sûr, cela n'autorise personne à déclarer la faillite de la science. Cela décourage néanmoins certaines prétentions extravagantes. Cela ne justifie pas non plus l'attitude de ceux qui font appel à des facteurs surnaturels, comme si une action divine venait remplir les vides que les sciences laissent ou ouvrent dans le système du monde ; c'est là une manière de penser propre aux anciennes religions, propre au temps d'avant la modernité.

Dans les religions polythéistes, mais aussi dans la religion biblique, le monde apparaît être le lieu où prolifèrent des faits étranges qui manifestent l'intervention presque tangible et visible du divin. Comme énoncé plus haut, le peuple monothéiste avait, de toute évidence, conservé et importé dans sa religion bien des manières de penser et de réagir de sa culture orientale. Le même état de pensée se trouve encore dans nombre de religions populaires ; il n'est donc pas si éloigné de nous. Je crois d'ailleurs qu'à la frontière de leur conscience lucide, bien des personnes attendent toujours qu'on puisse montrer le doigt de Dieu dans un phénomène du monde particulièrement mystérieux. En effet, des croyants instruits à qui on dit que la science a rendu Dieu invisible sont quelque peu perplexes. Cela n'est donc pas si évident pour eux, même s'ils sont sceptiques envers des argumentations apologétiques qui veulent tirer profit des mystères naturels laissés intacts par la science. Ce qui m'a également frappé, c'est que certains athées ou agnostiques affirment encore victorieusement que, dans l'histoire du cosmos et de l'évolution de la vie, il n'y pas de place pour faire intervenir une providence divine qui serait venue leur imprimer sa finalité. Même un prix Nobel comme Monod pouvait encore affirmer exclure l'action d'une Providence de son explication des choses, puisque « le hasard et la nécessité » lui suffisaient. Cela ne montre-t-il pas que c'est de cette manière qu'ils se représentent le Dieu de la religion biblique ? Apparemment ils n'y réfléchissent pas réellement, car les vrais scientifiques savent que leurs collègues croyants ne songent pas à désigner la Providence divine dans l'évolution. Et même ceux qui pensent que Dieu est spécialement intervenu dans le passage de l'animal à l'homme, même ceux-là ne s'appuient pas sur des données d'observations scientifiques.

On pouvait s'attendre à ce que la question de l'action visible ou invisible de Dieu revive dans la discussion cosmologique sur l'origine de l'Univers. Si la théorie scientifique pose un commencement absolu du cosmos, peut-on pour autant y voir un appui empirique donné au dogme de la Création *ex nihilo* ? La cosmologie a à nouveau offert un terrain favorable aux inclinations apologétiques de certains et aux méfiances des non-croyants. Lorsque le chanoine Lemaître, professeur de cosmologie à l'université de Louvain, a proposé lors d'une réunion internationale de scientifiques sa théorie de l'atome primitif, théorie souvent appelée celle du *big bang*, Einstein s'est indigné. Il reprochait à Lemaître de vouloir réintroduire par le biais de la science le dogme de la création. Pourtant Lemaître entendait seulement proposer une théorie qui donnerait la solution pour des problèmes proprement physiques et cosmologiques que les observations avaient précisément mis en lumière. Bien formé en philosophie des sciences et en théologie, Lemaître a toujours écarté toute confusion entre dogme et donnée scientifique. Comment comprendre qu'Einstein était *a priori* méfiant devant cette théorie, au point de ne pas être au début attentif aux argumentations scientifiques ? N'y a-t-il pas là la manifestation du même inconscient collectif que nous avons vu agir dans les anciennes religions ? L'inconscient y fait, en effet, mettre imaginairement en scène le dieu qui s'introduit visiblement et agit dans les phénomènes propres au monde et à la nature. Einstein identifiait apparemment toute religion avec cette représentation et sans faire les distinctions fondamentales qui s'imposent, il reprochait à Lemaître de vouloir prouver cette conception par la science.

Malheureusement, quelques années plus tard, le pape Pie XII a fait un discours devant l'Académie vaticane des sciences, où il liait la révélation de la création divine avec l'observation scientifique du commencement du cosmos. Cela a beaucoup gêné les croyants scientifiques et les théologiens informés. Cette intervention était d'autant moins justifiée que déjà saint Thomas d'Aquin avait déclaré que rien dans la révélation ni dans la métaphysique ne s'oppose à l'affirmation que le cosmos soit sans commencement, comme l'est Dieu le Créateur.

Miracles et apparitions.

La conviction que les dieux interviennent dans le cours du monde et dans les événements politiques et militaires faisait partie des religions, avons-nous vu précédemment. Cette idée allait de soi, sinon les dieux ne seraient pas ce qu'ils sont : des puissances de la nature et de la société plus ou moins personnalisées. De même était-il évident pour Israël que Jahvé, étant le Seigneur, ouvrît la mer des Roseaux pour Moïse et fît tomber les murs de Jéricho au son des trompettes. Que Jésus ait opéré des guérisons et accompli d'autres actions prodigieuses ne faisait pas problème pour les Juifs qui voyaient en lui un prophète. Ce n'était pas non plus exceptionnel ; Jésus n'était pas le seul thaumaturge ni en Israël, ni dans l'antiquité hellénistique. De Jésus on avait néanmoins l'impression qu'il faisait les prodiges avec abondance, avec une simplicité de gestes et par des paroles d'autorité, et cela pour signifier une réalité nouvelle. Eu égard à sa personnalité exceptionnelle et à son message inhabituel, de ses actions impressionnantes se dégageait une aura de présence divine particulière. C'est aussi ce que dira saint Pierre lors de sa prédication après la résurrection, selon le rapport qu'en fait Luc dans les Actes des Apôtres : « Jésus le Nazaréen, cet homme que Dieu a accrédité auprès de vous par des miracles, prodiges et signes... » (Ac 2, 22). Dans l'esprit de Pierre et de ses auditeurs, comme dans les conceptions des contemporains de Jésus lui-même, dans les religions en général d'ailleurs, l'attention porte sur les circonstances des signes et prodiges et sur la personne qui les accomplit. En eux-mêmes les prodiges ne sont pas des faits exceptionnels, car ils font partie soit de la foi en Jahvé, soit des croyances aux dieux ou esprits. Ce qui importe, c'est d'en interpréter le sens. Le prodige est-il le signe d'une faveur ou d'une colère divine ? Marque-t-il le privilège accordé à un lieu de culte, à une personnalité religieuse, à un roi, à un prophète ? C'est à cette interrogation que la première Église répond à propos de Jésus et, après la Pentecôte, à propos des apôtres. Pour la foi religieuse au Moyen Âge les signes et les prodiges se multiplieront aussi normalement que pour l'Israël des prophètes et des rois ; les monastères et les villes en rivalité n'auront nulle peine à en inventer un nombre prodigieux.

Le schéma mental de l'esprit scientifique des temps modernes est à l'opposé de celui qu'on vient de décrire. La foi originaire *(Urglaube)* des religions impliquait l'idée d'un monde ouvert aux actions surnaturelles. La foi originaire de la science contient la conviction que le monde est structuré selon des lois rationnelles qui lui sont propres. Explorer la Lune, analyser les composantes des matières, décrire le fonctionnement de la circulation du sang dans le corps, examiner par quelles forces les corps célestes se maintiennent sur leurs orbites, ... tout l'esprit scientifique se déploie à partir du même *a priori*, celui de la foi en une régulation qui détermine les faits observés. Et puisque l'observation instrumentalisée transgresse la limite entre, d'une part, le monde de la vie qui se livre aux perceptions naturelles et, d'autre part, les secrets cachés sous la surface apparente ou ceux placés hors de l'horizon terrestre, l'esprit scientifique étend son *a priori* universellement à tout ce qui compose la nature et le cosmos. L'ancien sens religieux en attente de signes prodigieux se convertit en la croyance scientifique dans le déterminisme du monde fermé et en admiration pour le prodige universel qu'est la rationalité du cosmos et de la nature. Le sens religieux naturel des scientifiques est celui qu'exprimait Einstein : la chose du monde la moins compréhensible, c'est que le monde soit compréhensible [1].

Avec l'avènement de l'esprit scientifique les termes « signes », « miracles » et « prodiges » changent donc de sens. Les faits qui suscitent l'étonnement — selon l'étymologie du mot miracle — ne sont pas interprétés comme des signes faits par un être divin, mais comme les signes d'une énigme de la nature. En raison de l'*a priori* scientifique, pour qu'on puisse parler de miracles divins de tels signes étonnants devraient d'abord clairement attester qu'ils font réellement exception dans l'ordre rationnel de la nature. Un fait n'a de valeur de signe, en effet, que s'il est diacritique, s'il signale distinctement une différence. Dans le contexte considéré, la différence devrait être celle entre l'ordre naturel et l'action exceptionnelle faite par le Dieu personnel. C'est effectivement en ce sens que l'apologétique catholique a élaboré un concept du miracle qui voulait conjuguer la rationalité scientifique avec l'interprétation théologique du signe divin. Dans un univers où l'esprit moderne rendait Dieu généralement invisible, le miracle donnerait alors à Dieu une visibilité scientifiquement lisible. Toutefois, quel vrai scientifique qui se trouve aujourd'hui devant un fait énigmatique pourrait renoncer à la conviction qu'un jour la science lui arrachera son secret ? Pour l'épistémologie scientifique, l'idée de l'exception ou de l'extraordinaire n'est toujours qu'une façon provisoire de qualifier un phénomène apparent. Le projet d'élaborer l'idée de l'extraordinaire en un véritable concept théorique est en contradiction avec l'esprit scientifique.

De nos jours, les autorités religieuses se sont décrispées devant la modernité. Les responsables des Églises disposent aussi d'une meilleure formation épistémologique et théologique et ils sont devenus très prudents en cette matière. Il en

1. *Comment je vois le monde*, Paris, Éd. Flammarion, 1979, p. 35.

découle une diminution sensible du nombre des miracles « reconnus »[1]. Sans doute le concept garde-t-il encore sa signification pour des guérisons exceptionnelles qui font signe, lorsqu'elles ont lieu à la faveur de la prière et quelles répondent à une disposition de foi sereinement confiante. Cette circonstance même interdit cependant de presser la notion d'exceptionnalité. Pour ce qui est des processus biologiques d'abord, les faits ne sont pas différents des guérisons spontanées. On a, en effet, plus d'une fois observé la guérison spontanée d'un cas grave de cancer pour lequel une thérapie médicale avait été inefficace ; une guérison s'est produite sans qu'on ait eu recours à une démarche religieuse. En s'appuyant sur des observations et des interprétations psychologiques, on peut dès lors penser que dans la guérison tenue pour miraculeuse, la foi agit sur le corps comme une force thérapeutique par la médiation de processus psychosomatiques. Dans les cas de guérison spontanée, une disposition affective analogue agit sans doute de la même manière. Pour celui qui croit, l'idée de miracle conserve néanmoins un sens religieux. On peut, en effet, légitimement se dire que Dieu agit dans et par la foi qui, elle, agit dans les processus psychosomatiques. L'incroyant qui considère un tel fait tenu pour miraculeux peut se limiter à dire que c'est la foi comme réalité spirituelle et affective qui agit, même si elle est pour lui une illusion. Quelle que soit l'interprétation qu'on en présente, les miracles reconnus laissent donc Dieu invisible aux yeux des contemporains formés à l'esprit scientifique. Pour le croyant informé, Dieu se cache dans les énigmes psychosomatiques, de la même manière que l'action du Créateur se cache dans les merveilles et les énigmes de l'évolution.

À tout bien considérer, l'esprit scientifique ne se contente pas de détruire le concept de signe miraculeux. Deux éléments, en effet, donnent ce caractère à certaines guérisons. Premièrement, elles ont lieu en réponse à la prière

1. Voir l'excellent livre de P. Delooz, *Les Miracles : un défi pour la science ?*, Gilly, Éd. Duculot, 1997.

confiante. Deuxièmement, elles se font avec une rapidité qui fait exception à la loi biologique de la durée normale. La guérison de Pierre Derudder représente une belle illustration de ces caractéristiques. Il souffrait d'une grave fracture de la jambe, causée par un accident. La médecine ne parvenait pas à combattre la suppuration de la plaie et à réduire la fracture. On devait lui amputer la jambe, afin de sauver sa vie. Lors d'un pèlerinage à Notre-Dame-de-Lourdes à Oostakker (près de Gand), la plaie se referma et les os se soudèrent. On constata que la guérison s'était faite comme si un très bon chirurgien avait opéré, c'est-à-dire sans pouvoir restituer la part d'os déjà perdue par la brisure et surtout par une suppuration qui avait duré des mois.

La science a donc rendu discrets les signes de Dieu et elle a obligé l'Église à renoncer à la tendance apologétique qui veut apporter des preuves rationnellement assurées. Les signes sont devenus comme les paraboles de Jésus-Christ : il faut croire pour y voir l'action divine.

Ce changement représente une profonde transformation dans les esprits. On peut se demander si ce n'est pas ce retrait de Dieu hors de la visibilité manifeste qui explique que des croyants cherchent ailleurs des signes de la visibilité de Dieu. L'étonnante multiplication des « apparitions » de la Vierge Marie depuis la dernière guerre mondiale répond, je pense, au désir de recevoir des signes visibles des interventions divines. Bien sûr, comme cela a toujours été le cas, des crises religieuses, morales, économiques ou nationales incitent à repérer des signes prouvant que Dieu n'est pas absent et indifférent aux tribulations de ses fidèles. Toutefois, le fait que la culture officielle et l'esprit scientifique rendent Dieu invisible au sens décrit plus haut a certainement produit un intense désir de voir un personnage surnaturel localement visible et intervenant dans le monde des hommes. Il est d'ailleurs frappant que, dans les cas récents, les visionnaires prennent soin de préciser qu'il s'agit bien d'une perception portant sur un fait extérieur, alors qu'autrefois on n'était pas attentif à la distinction entre apparition et vision. Ce qui importait jadis, c'était le message reçu ; maintenant ce qui compte le plus, c'est le fait extraordinaire du signe divin reçu [1].

Notons bien que les considérations critiques ici développées en profond accord avec le schème mental des sciences ne constituent pas la simple négation de l'intervention de Dieu dans une guérison exceptionnelle, ni de l'action de la Vierge dans certaines expériences qui sont de la nature d'une vision d'apparition. Ce que l'esprit scientifique ne permet plus, c'est de parler de ces faits comme d'actions où Dieu se montrerait perceptiblement par des actions particulières et objectivement identifiables comme surnaturelles.

Conclusion.

Sous l'influence du schème mental qui inspire, oriente et stimule la pensée et la recherche scientifiques, le mot « monde » est devenu un véritable concept, dont le sens est clairement identifié. Il signifie l'ensemble des choses qui sont, en principe, compréhensibles pour la raison parce qu'elles font partie d'un système intégré et rationnel. Ce concept du monde n'est pas en contradiction avec l'affirmation de la liberté de l'homme. Il n'interdit pas à l'homme d'y introduire librement la réalisation de ses projets, loin de là. L'homme ne pourrait même pas agir librement s'il ne pouvait pas compter sur les régularités déterminées du monde ; dans ce cas, il serait en toute occasion comme un astronaute en état d'apesanteur, exposé à des surprises absurdes. Autrefois on a pu penser qu'il y avait une contradiction entre la vision scientifique du cosmos et l'affirmation de la liberté. Maintenant on n'enferme plus l'homme dans la totalité d'un réel pensé comme un automatisme mécanique. Rares sont aujourd'hui ceux qui voient encore une opposition entre, d'une part, l'affirmation de la liberté restreinte de

1. Je me permets de référer à l'article que j'ai consacré à ces questions : « Visions et apparitions. Approche psychologique », dans *Revue théologique de Louvain*, 1991, p. 202-225.

l'homme et, d'autre part, la thèse affirmant que le monde naturel se comprend par la combinaison de la nécessité des lois déterminantes et du hasard.

Comment comprendre alors la tendance à répéter toujours à propos du christianisme l'ancienne antinomie entre le monde religieux et le monde de l'esprit scientifique ? On oppose encore régulièrement l'idée d'une action divine dans l'histoire à celle du monde humain conçu comme système fermé. On parle apparemment comme si l'action de Dieu dans le monde, par la médiation de Jésus-Christ et par le don de l'Esprit Saint, était une sorte d'action miraculeuse. Pour beaucoup d'esprits modernes, la foi chrétienne dans les événements de salut — Jésus-Christ et la révélation, la résurrection et le don de l'Esprit Saint… — paraît foncièrement étrangère à leur pensée et à leur sensibilité, parce que cette foi supposerait un monde toujours ouvert aux interventions surnaturelles dans les réalités terrestres, ainsi que l'était le monde des polythéismes. Pour les esprits sceptiques, la foi chrétienne semble trop rappeler l'ancien monde religieux. Ce qui fait problème, ce ne sont pas d'abord des contenus de foi déterminés ; plus essentiellement, c'est un *a priori* général qui détermine le scepticisme concernant toute affirmation d'une action de Dieu dans le monde. Le schéma mental du monde fermé alerte la méfiance envers les discours chrétiens, parce qu'ils semblent être de la famille des anciens mythes. Une nouvelle anthropologie peut encore ajouter ses propres titres apparemment justificatifs à cette méfiance ; nous le verrons un peu plus loin. C'est dans ce contexte aussi qu'on a proposé une interprétation non croyante de la personne et de l'action de Jésus de Nazareth.

De ce que nous venons de considérer, nous gardons en tout cas à l'esprit la question qui est posée à la foi de l'homme contemporain : comment dire la foi qui gagne en vérité lorsqu'elle se laisse mettre à l'épreuve du doute méthodique de l'esprit scientifique ?

CHAPITRE IV

DE L'ÉTHIQUE RELIGIEUSE À L'ÉTHIQUE DE LA RAISON PRATIQUE

Les incroyants agressivement hostiles à la religion aujourd'hui sont plutôt rares. Souvent, les incroyants estiment la religion chrétienne pour son influence bénéfique sur la moralité. Ils attendent apparemment d'elle qu'elle soit un facteur de moralité humaniste dans et pour le monde : qu'elle favorise la paix et la justice entre les peuples et les groupes sociaux, qu'elle stimule la générosité envers les plus démunis et l'aide aux pays en voie de développement, qu'elle soutienne la résistance aux dictatures oppressives. On apprécie ce qui, dans la religion chrétienne, représente des valeurs éthiques universelles, ce par quoi elle est utile à l'humanité. Les incroyants ne pensent pas pour autant que la religion soit nécessaire pour l'éthique. On a bien perçu cette ambiguïté à la mort de mère Teresa de Calcutta. Toutes les radios et toutes les télévisions ont célébré la charité héroïque de mère Teresa. On a décrit avec éloquence ce qu'elle a fait en Inde et parlé avec ferveur de ses fondations de par le monde où quatre mille religieuses et religieux se sont engagés à suivre son exemple. Mais on n'a quasiment pas rappelé qu'elle voulait elle-même mener une vie qui combinait la vie de contemplation et de prière avec une vie d'activités de charité, et qu'elle exigeait de ses disciples qu'ils réservent un temps important à la prière. Les émissions de radio et de télévision pouvaient laisser penser que la charité de mère Teresa était une attitude éthique humaine, humaniste, sans les ressources de la foi chrétienne.

À cette attitude ambiguë des incroyants correspond une même ambiguïté chez bien des croyants. Ce qu'ils estiment réellement important dans le christianisme, au moins dans leurs évaluations explicites, ce sont les contributions de la religion à l'éducation et à la moralité de la société. Il leur paraît par ailleurs normal que, dans les sociétés occidentales, les discours publics sur les droits de l'homme n'invoquent pas les droits de Dieu, mais se formulent *etsi Deus non daretur*, comme si Dieu n'était pas, ainsi que le disait au XVIIe siècle le juriste Hugo Grotius, chrétien convaincu s'il en fut. Mais si à ces chrétiens on dit qu'il n'y a pas d'éthique spécifiquement chrétienne, plusieurs réagissent avec perplexité, voire avec indignation. Ils ont l'impression qu'on veut enfermer les chrétiens dans la sacristie (selon la formule des dictateurs idéologiques envers les chrétiens) ; l'impression aussi qu'on met en doute la légitimité des œuvres catholiques que sont les écoles, les hôpitaux, les syndicats chrétiens, les organisations culturelles… On pose même la question : qu'est-ce qu'être chrétien s'il n'y a pas de morale spécifiquement chrétienne ?

Dans ces interrogations, on touche à quelque chose de très fondamental dans le rapport entre modernité et religion chrétienne. Deux facteurs spécifiques de la modernité interviennent ici. D'abord, la conviction propre à la rationalité moderne que, pour être humaniste, la morale n'exige pas un fondement religieux ; ensuite, la sécularisation au sens précis de ce terme, c'est-à-dire la dissociation ou séparation entre la religion et la vie publique. Par le terme « sécularisation », je désigne donc ici un phénomène culturel-historique, et non pas, comme dans certains discours moralisateurs qui utilisent ce terme, le déclin de la religion et la perte du souci de la dimension spirituelle de l'existence. Dans la réalité de l'histoire culturelle, les deux facteurs que je distingue vont ensemble : la sécularisation et l'affirmation de l'autonomie de la philosophie morale par rapport à la religion. En effet, l'affirmation de la liberté religieuse et donc aussi celle de la liberté de l'incroyance impliquent la conviction que les membres d'une société doivent et peuvent se mettre d'accord sur les règles morales imposables à tous, des règles pour lesquelles il ne faut donc pas invoquer un fondement religieux. Cela représente un réel bouleversement dans l'histoire culturelle. Aussi est-ce cette sécularisation que rejettent et que haïssent des groupes intégristes et fondamentalistes. Nous avons donc affaire ici à une question tout aussi importante que celle de la visibilité et de l'invisibilité de Dieu. La question de l'éthique de la religion et de l'éthique de la raison a, elle aussi, été déterminée par toute notre histoire occidentale où confluent la raison grecque et le monothéisme chrétien.

L'éthique immanente à la religion.

Voyons d'abord d'où nous venons. Dans les civilisations anciennes, l'éthique était immanente à la religion. Plus même, parler de l'éthique d'une religion est déjà un langage de la pensée rationnelle, car « éthique » n'est pas un terme qu'on rencontre dans les textes proprement religieux. Dans son *Vocabulaire des institutions indo-européennes* (vol. II), Georges Dumézil souligne que le terme religieux pour ce que nous appelons « éthique » est celui de « lois » et que ces lois, loin d'être seulement des institutions sociales avec un caractère religieux, sont intrinsèquement religieuses. En conséquence, l'inverse est également vrai : les religions étaient intrinsèquement éthiques et juridiques et les sociétés religieusement rituelles.

Ces sociétés étaient traditionnellement des cultures religieuses et les religions étaient étroitement intégrées dans les coutumes, les conceptions et les organisations de la culture. Le divin y est la source et le fondement des prescriptions et des interdits que nous, nous distinguons comme étant l'éthique et le droit. C'est parce que les prescriptions et les interdits y tiennent leur autorité de l'appartenance à la sphère divine, qu'elles ont la nature d'une évidence et qu'il ne vient à l'esprit de personne de se juger libre à leur égard. Les lois morales, les coutumes, les principes de sagesse font partie de l'identité de la personne et du groupe, autant que les croyances et la langue.

Le Décalogue.

Ce que je viens de dire vaut également pour le monothéisme biblique. À l'origine le peuple biblique a d'ailleurs repris ses normes éthico-juridico-religieuses aux civilisations qui l'entouraient. Ce qui est propre au monothéisme biblique, c'est qu'il a renforcé les normes en les rapportant à l'autorité de Jahvé lui-même. Le Décalogue qu'on peut lire dans le livre l'Exode est largement fait d'emprunts, choisis comme étant essentiels dans les Codes répandus dans l'ancien Orient et qu'Israël a remaniés. En les concevant comme les Dix Paroles (Décalogue) énoncées et promulguées par Jahvé lors de l'offre de l'Alliance avec Israël, la Bible donne au Décalogue le caractère d'une sainteté dérivée de la sainteté de Jahvé lui-même.

On traduit habituellement le terme biblique *Torah* par « Loi ». En réalité, selon l'exégète von Rad, *Torah* ne signifie pas d'abord « loi » au sens moral ou juridique, mais « enseignement » [1]. Dans l'ancien Orient comme dans la Grèce antique, les normes étaient proposées par l'enseignement que donnaient les sages, qui, dans la plupart des cultures, parlaient avec une autorité quelque peu sacrée. Songeons au confucianisme encore si important en Chine et en Corée. Lorsque Dieu s'est révélé, en Israël, lorsque le Dieu personnel a parlé à l'homme, l'enseignement de la sagesse, la *Torah*, s'est formulé comme un commandement, une parole adressée personnellement à l'homme et exprimée dans la forme grammaticale de l'impératif (« tu honoreras ton père et ta mère ») et de l'acte performatif d'interdiction (« tu ne tueras pas »). Le Décalogue n'est pas formulé

1. *Théologie de l'Ancien Testament*, Genève, Éd. Labor et Fides, 1967, vol. II, p. 348 s.

comme une loi normative abstraite : *il* faut, *il* est interdit, *on* doit, *on* ne peut pas... Le Décalogue fait intrinsèquement partie de la relation personnelle entre Dieu et l'homme, il confirme cette relation et il en pose les conditions. La proclamation des Dix Paroles est donc un événement prophétique. Il révèle la présence personnelle de Dieu *à* l'homme, il propose l'Alliance de Dieu *avec* l'homme, et il proclame la Seigneurie de Dieu *sur* l'homme. Observer les commandements de Dieu est une liturgie à la gloire de Dieu *et* une participation à cette gloire divine. Dire que, dans ce cas, l'éthique est une conséquence ou un effet de la religion, serait méconnaître la signification prophétique et mystique du Décalogue monothéiste.

Question à laquelle il faudra réfléchir : est-ce que ce sens profond, prophétique et mystique de l'éthique monothéiste se perd nécessairement lorsque les chrétiens acceptent l'éthique de la raison ou celle des droits de l'homme, autrement dit, lorsqu'ils acceptent que l'éthique n'a pas besoin d'être fondée sur la religion ?

Le pur et l'impur.

Les évangiles racontent que les Juifs se sont régulièrement disputés avec Jésus sur des questions qui nous paraissent curieuses et oiseuses, sans réelle signification, ni morale ni religieuse, des questions qui semblaient avoir une grande importance pour les Juifs « orthodoxes » du temps de Jésus. On reproche à Jésus de laisser ses disciples revenus du marché manger sans se laver les mains. En vérité, l'hygiène leur importait peu. Ce qui était en jeu, c'était la pureté et l'impureté religieuses. Au contact des païens et de la poussière du marché, on devient impur. Manger sans se laver les mains, c'est être en communion corporelle et existentielle avec l'impur. C'est pour cela aussi qu'on est scandalisé de voir Jésus accepter l'invitation à dîner chez le publicain, employé du fisc romain ; ou de se laisser toucher les pieds par une prostituée. L'interdit le plus célèbre est évidemment celui de manger du porc. Dans le livre biblique Lévitique on trouve encore d'autres interdits ou prescriptions qui paraissent bien bizarres à l'homme moderne. Ainsi évitera-t-on des rapports sexuels avec une femme pendant la menstruation. Après l'accouchement, la mère accomplira le rite de la purification. Comme on peut le lire dans les évangiles, la Vierge Marie a, elle aussi, accompli ce rite. Dans beaucoup de régions, l'Église catholique a d'ailleurs conservé ce rite jusqu'à récemment.

Dans un contexte religieux et culturel différent, l'Inde manifeste un phénomène analogue. Des informations nous font régulièrement rapport sur la sinistre existence des « intouchables », caste que la fatalité religieuse héréditaire condamne à l'exclusion sociale et matrimoniale. Supprimée par l'état laïc de conception occidentale, mais non pas soumise à une révision religieuse hindoue, cette loi reste en vigueur dans la majorité des communautés.

Réfléchissons plus avant sur le binôme pur-impur. L'idée de l'impur religieux dont il s'agit dans les exemples évoqués est de toute évidence une catégorie de l'anthropologie religieuse, mais non pas une catégorie de la philosophie morale et religieuse. L'impur religieux n'est pas un concept rationnel, réfléchi. Il n'est pas non plus un concept appartenant intrinsèquement à la spiritualité de la foi monothéiste ; dans cette spiritualité, l'impur consiste dans l'indignité religieuse que peut éprouver l'homme devant la sainteté de Dieu qui lui est révélée. Ainsi, lorsque dans sa vision de la sainteté de Jahvé, le prophète Isaïe dit qu'il a les lèvres impures, il exprime la conscience qu'il prend de l'indignité humaine devant Dieu, et cela précisément lorsque dans sa vision il entend les anges proclamer : « Saint, saint, saint... » ; mots de célébration que reprend la liturgie de l'eucharistie dans sa prière solennelle. Dans la véritable spiritualité monothéiste, le sens de la sainteté de Dieu est premier et il suscite le sens de l'indignité humaine. Dans le cas considéré de l'impur, est premier le sentiment d'être contaminé par le contact avec ce qui est impur, tout en ne sachant pas bien pourquoi ; cette contamination rend ensuite indigne de la participation au culte.

Visiblement, le binôme pur-impur appartient à la sensibilité et à l'imagination archaïques de l'humanité. Ce binôme s'est introduit dans les représentations religieuses et dans les ordonnances du culte et des rapports entre les hommes. Cet archaïsme religieux s'est aussi infiltré dans le monothéisme auquel, en principe, il était étranger. Il peut ensuite subsister chez des personnes issues de cette communauté culturelle et religieuse, mais qui ne sont plus croyantes ; on sait que c'est le cas de nombreux Juifs.

De toute évidence, l'idée de l'impur opposé au pur n'est pas de l'ordre de ce que nous considérons comme éthique. Cette idée n'apparaît pas non plus dans les Dix Paroles. Les textes bibliques ne fournissent pas non plus une justification de la détermination des réalités jugées impures ; ils se limitent à définir soigneusement les pratiques qui souillent (rendent impur) l'homme. On a l'impression d'avoir affaire à une sorte de premier principe ; mais un premier principe de l'inconscient collectif et culturel tel que le conçoit par exemple Lévi-Strauss dans son anthropologie culturelle structurale. Lévi-Strauss a surtout illustré l'inconscient culturel et collectif par ses descriptions et analyses des lois qui, dans les sociétés anciennes, organisent les interdits de l'inceste et qui commandent les préférences dans les choix d'échanges matrimoniaux entre les groupes. Ces lois souvent compliquées s'imposent, sans que l'on se demande d'où elles viennent ni quelle est leur signification pour les individus. Les études de l'anthropologie structurale ont ainsi mis en lumière l'importance de l'inconscient collectif et elles ont par conséquent aussi éclairé le sens du binôme pur-impur. De la comparaison entre les textes il appert, en effet, que sont, par exemple, impurs les animaux dont les caractéristiques appartiennent à deux espèces différentes, identifiées comme telles par la classification des espèces qui a cours dans la civilisation concernée. Ainsi s'explique le fameux interdit de manger du porc, animal qui, selon la classification sémite, a un trait commun avec la vache (les pieds fourchus), mais qui, tout comme le cheval, n'est pas un ruminant. Le porc est donc un être hybride selon l'esprit collectif sémite. Or, dans la perception de ces groupes culturels, l'être hybride est structuralement un monstre. Personne n'a évidemment délibérément et réflexivement organisé les espèces animales de cette manière. Aucun texte, ni juif ni islamiste, n'en a fourni le principe, alors que ces interdits sont si importants dans ces cultures. Cette organisation existe dans la perception collective comme une évidence qui n'appelle pas de justification. Bien sûr, certains en perçoivent intuitivement le sens. Ainsi le philosophe Emmanuel Lévinas avec qui je partageais une omelette et qui m'a d'abord fait dûment tester celle-ci pour savoir si elle ne gardait pas de traces de crevettes, a répondu à ma question de savoir ce qu'était pour lui l'impur : est interdit tout ce qui grouille, comme le porc, ou la crevette… Le mot français « grouiller » suggère, en fait, l'informe et donc le difforme.

Dans les religions de l'ancien Orient, l'impur « monstrueux » représentait l'émanation des puissances nocturnes du mal. Repris dans le monothéisme biblique, l'impur appartient au désordre qui est le contraire de la création ordonnée faite et animée par Jahvé. Les êtres impurs sont de la famille des monstres telluriques et démoniaques. Avoir des contacts avec eux, c'est entrer en communion de vie avec eux. Au contraire, observer les interdits, c'est un peu accomplir une liturgie au Créateur qui, en créant, a donné aux êtres une ordonnance significative.

On a l'impression qu'il reste quelque chose de ce binôme pur-impur dans l'imagination du Moyen Âge. Dans les constructions des cathédrales gothiques, en effet, on met à l'extérieur et sur les toits, c'est-à-dire du côté du monde représenté comme non baptisé, les monstres impudiques, les animaux d'une physiologie caricaturale et les démons grotesques, présentés comme des hybridations entre l'humain et l'animal, entre l'homme et la femme. Dans l'intérieur de la cathédrale règne le Christ qui a vaincu le mal ; là son royaume spirituel présente anticipativement la Jérusalem céleste. Sans doute l'imagination gothique, inspirée par le Proche-Orient et par les grotesques de la

Rome ancienne, a-t-elle trouvé, dans certaines figures de l'ancien impur, les formes aptes à représenter consciemment le mal moral et démoniaque d'avant la conversion. Avec Jérôme Bosch ce type de figures pourra servir pour dénoncer le péché qu'il voyait envahir et dévergonder la société « comme aux jours de Noé », ainsi qu'on le disait alors.

Un des traits frappants dans la personnalité et dans l'enseignement de Jésus consiste dans la libération décidée des contraintes archaïques du binôme pur-impur. Écoutons-le en l'évangile de Marc : « Écoutez-moi tous et comprenez ! Il n'y a rien d'extérieur à l'homme qui, pénétrant en lui, puisse le souiller ; mais ce qui provient de l'homme, c'est ce qui souille l'homme. » (7, 14-15). « Car c'est de l'intérieur, du cœur des hommes, que parviennent les méchantes raisons : fornications, vols, meurtres… » (7, 21).

L'éthique de la raison métaphysique.

L'éthique philosophique est une invention grecque. Lorsque la philosophie comme œuvre de vérité rationnelle s'est constituée, elle a aussi formé l'éthique comme discipline de la raison. À l'éthique on donnait la tâche de définir les finalités des actions humaines et d'exposer les moyens pour y parvenir. La perspective que prenait le philosophe sur les actions humaines l'amenait à penser les finalités *internes* à l'être humain et à les penser en correspondance avec les finalités des autres êtres finis. Aristote en arrive ainsi à statuer deux principes. Le premier peut se formuler de la manière suivante : ainsi que tout être vivant et périssable, l'homme cherche par nature à avoir part au divin immortel ; il obtient cette immortalité par le substitut qu'est la reproduction, car celle-ci fait durer l'humanité à travers les générations successives. En second lieu, selon Aristote, l'homme, tout comme les animaux, poursuit le plaisir. Le plaisir est donc le bien universel de tous les êtres sensibles. Et parce qu'il est universel, il est un élément divin.

Cependant, pour les hommes le bien supérieur qui les rend le plus conformes au dieu, consiste dans la contemplation spéculative, dans « la vie théorique ». La métaphysique nous apprend en effet, dit Aristote, que le dieu immortel à qui ne manque rien et qui ne désire rien, est la pensée pure et parfaite, la pensée de la pensée, la pensée qui n'a d'autre objet de pensée qu'elle-même. La contemplation philosophique est donc le bien supérieur qui rapproche le plus l'homme de Dieu.

Je laisse de côté ici d'autres aspects de la philosophie éthique d'Aristote, comme son exposé remarquable sur la constitution de la vie sociale par la parole *(logos)* en liberté d'échanges. Ce qui est intéressant pour la question qui nous occupe, celle de l'éthique de la raison qui succède à l'éthique immanente à la religion, c'est de voir qu'en se dégageant de l'ensemble religieux, la raison pense l'homme et l'éthique dans une perspective universelle. Elle pense la nature de *l'homme* comme tel, de tout homme, tel qu'il existe dans l'ensemble des étants, et c'est sur ce fondement qu'elle établit les principes éthiques.

Thomas d'Aquin distingue, d'une part, les lumières et le domaine de la foi et, d'autre part, les lumières et le domaine de la raison ; mais il voit les deux se rejoindre dans l'affirmation du Créateur. Dieu, qui a créé l'homme comme être doué de raison, lui a donné la capacité de définir lui-même les règles de ses actions. En tant que créateur, Dieu est également la fin de l'homme ; il a implanté dans la nature de l'homme la finalité qui l'oriente vers Dieu comme le bien suprême à atteindre. Saint Thomas parvient ainsi à repenser la métaphysique et l'éthique d'Aristote en accord avec le monothéisme biblique. Cependant, en posant le Créateur comme origine et fondement de la nature et de la raison humaines et comme étant la fin absolue de l'homme, Thomas d'Aquin attribue aux lois morales elles-mêmes l'autorité de l'impératif divin. Selon l'éthique rationnelle de Thomas d'Aquin, la raison pratique perçoit la voix divine dans les lois éthiques. Et dans l'élaboration concrète de son éthique « naturelle », Thomas d'Aquin trouvera également à définir par la voie de la raison les prescriptions et les interdits essentiels du Décalogue.

L'éthique dans le monde moderne de la rationalité.

Bien que rapide, mon évocation de la philosophie morale de Thomas d'Aquin a pu montrer, je l'espère, comment la rationalité grecque et la foi monothéiste se joignaient en Europe pour poser les bases d'un type nouveau et spécifique de civilisation. L'autonomie qu'y a conquise la raison se trouve confirmée par la religion. Cette autonomie se manifeste dans la double finalité qu'on reconnaît à la raison : la recherche de la vérité et l'orientation intrinsèque vers le bien. Il s'ensuit qu'on attribue à la raison le pouvoir et la tâche de définir elle-même les principes de l'action humaine. En tant que raison, elle se caractérise par l'universalité, celle de *la* vérité et celle *du* bien. Dans cette conception métaphysique, la morale de la raison vaut pour l'homme comme tel, l'homme universellement pensé, abstraction faite de son identité contingente et de ses traits particuliers. En cela aussi, la morale de la raison s'accorde avec la vision monothéiste sur l'homme.

L'Église catholique a généralement repris les conceptions thomistes ; elle a distingué l'ordre de la révélation et celui de la nature et de la raison, et elle a affirmé l'harmonie entre ces deux ordres. Elle n'a pas, comme certaines tendances protestantes, tenu l'ordre naturel et la raison pour viciés par le péché originel. Selon la conception catholique, le péché originel n'a pas rendu la conscience humaine incapable de discerner le bien et le mal et de connaître les normes morales.

La position thomiste a eu pour l'Église l'immense avantage de reconnaître les droits de la raison et la capacité de l'homme à s'orienter sur sa conscience morale. Bien des malentendus subsistent néanmoins sur cette question si importante dans notre civilisation moderne. Ainsi, dans un débat public que j'avais avec un professeur de philosophie qui était un des dirigeants d'une association humaniste explicitement athée, celui-ci me faisait d'emblée la remarque suivante : en matière d'éthique, l'incroyant obéit d'abord à sa conscience, le catholique, en revanche, obéit d'abord à l'autorité de son Église. Ma réponse était simple : des siècles avant que n'existât l'association de « la libre pensée », saint Thomas d'Aquin affirmait que l'homme doit d'abord obéir à sa conscience et en second lieu seulement à l'autorité.

Où se trouve alors, concernant l'ordre éthique, la source des conflits entre l'Église et la pensée moderne ? Le résumé que j'ai fait de la pensée de Thomas d'Aquin fait déjà sentir, je pense, où peut se nouer le conflit, à savoir dans le lien fait entre la philosophie morale et la métaphysique, car celle-ci a indéniablement été une pensée rationnelle qui se déploie dans un univers de pensée chrétienne.

Les difficultés ont commencé, en effet, lorsque la rationalité moderne, en poursuivant le doute critique, s'est déployée en dehors des références religieuses et lorsqu'elle a abandonné ou rejeté la pensée métaphysique. Ce ne seront plus ni la finalité métaphysique d'Aristote, ni celle de Thomas d'Aquin qui formeront les bases pour l'éthique de la raison. Celle-ci sera explicitement sans fondement en Dieu. La tâche que se donnera la raison sera de concevoir et de légitimer une éthique qui ne fait pas appel à une autorité au-dessus de l'homme et qui ne définit pas non plus les lois morales en vertu d'une finalité ultime, de nature religieuse. C'est l'idée que Kant a énoncée en une formule simple et tranchante : la raison éclairée n'a plus besoin de recevoir d'une autorité supérieure les règles morales de la conduite ; elle les trouve en elle-même.

Cette affirmation est caractéristique de la rationalité éclairée (de l'*Aufklärung*). Celle-ci voulait libérer la philosophie de l'autorité religieuse et elle faisait la critique épistémologique d'une métaphysique qui mettait Dieu à la base des principes éthiques. La raison qui se met en concurrence avec l'autorité religieuse va même parfois se mettre en concurrence avec Dieu. Et les autorités religieuses ont trop souvent contribué à brouiller la situation en liant l'éthique du christianisme avec leur philosophie métaphysique. L'Église a alors combattu la sécularisation, autrement dit, elle s'est opposée à l'État démocratique parce que celui-ci est basé sur une morale sans fondement religieux. Même Henri de Lubac, un des grands théologiens de notre siècle, a écrit que les idéologies anti-humanistes représentent en réalité des monstres engendrés par « le drame de l'humanisme athée », l'humanisme qui veut se penser sans Dieu. De cette manière on parle comme si l'humanisme sans Dieu était nécessairement contre Dieu et contre l'homme, en fait, donc, anti-humaniste. Ce n'était pas la conception de Kant et ce n'est pas non plus celle de bien des penseurs incroyants.

Avec la modernité qui veut établir et justifier une éthique digne de l'homme, sans recourir au fondement religieux, une nouvelle interrogation s'est formée, qui préoccupe de nombreuses personnes, croyants et incroyants confondus. Comment la raison se donne-t-elle à elle-même les principes directifs pour les actions de l'homme ? Ce n'est évidemment pas la raison théorique, celle qui met au jour les lois de fonctionnement de la nature, qui répond à cette interrogation. Peu de vrais scientifiques disent encore que la raison scientifique donne ses fondements à la morale. Si l'homme *doit se donner à lui-même* les principes éthiques de ses actions, c'est précisément parce qu'il n'est pas un être préprogrammé par la nature. Ainsi, le fait que la sexualité n'est pas définie et gouvernée par les lois de la nature biologique oblige l'homme à l'ordonner par l'éthique. J'y reviendrai tantôt en parlant de la nouvelle anthropologie.

Par ses divers aspects, la modernité a justement révélé à l'homme qu'il lui appartient de réaliser son humanité, et qu'il doit le faire par la conception qu'il se forme de l'homme et par les conséquences qu'il en tire pour sa praxis. L'idée de la liberté humaine avait été fortement promue par la religion chrétienne. Avec la modernité, la liberté qu'on reconnaît à l'homme s'approfondit ; elle est maintenant la conscience qu'a l'homme qu'il est lui-même responsable de sa conception de l'homme. Autrement dit, l'homme est confié à l'homme comme un idéal à réaliser, par sa conception philosophique même de l'homme et par ses actions.

Ce n'est pas le lieu ici de développer un cours de philosophie morale. J'esquisserai cependant une piste, afin de donner tout son sérieux à la thèse que je défends, selon laquelle il peut y avoir une dignité et un humanisme dans une éthique sans fondement religieux. La position qu'on prend sur cette question est très importante pour la vie dans une société sécularisée. La thèse que je défends en cette matière fait aussi ressortir avec force une autre thèse que je soutiens également, à savoir qu'il n'y a pas d'éthique spécifiquement chrétienne, du moins si on comprend le mot « éthique » dans son sens précis.

Les philosophes connaissent la formulation technique que Kant a donnée au principe d'une éthique de la raison. Je la cite d'abord : « Agis de telle sorte que la maxime de ta volonté puisse toujours valoir en même temps comme principe d'une législation universelle [1]. » Si tu agis, dit Kant, tu choisis une maxime. Prenons, par exemple une question telle que : est-ce que je dirai la vérité ou non ? Est-ce que je peux tuer ou non mon rival ? Est-ce qu'il faut résister ou non à une dictature oppressive ? Et pourquoi ? Pour des raisons d'avantage personnel ? Par peur de la police ? Parce que je veux garder, ou gagner, l'estime de mes amis ? La seule manière vraiment éthique de juger, dit Kant, est d'examiner si le motif de mon action pourra être déclaré une loi universellement humaine. Prenons un exemple concret ; si je dis : je mentirai lorsque c'est à mon avantage, je pense nécessairement en même temps : cette maxime ne peut pas être un principe d'action juste, car je sens qu'elle est en contradiction avec l'intention universellement et naturellement immanente aux actes de langage. Il est de la nature du langage d'être animé par l'intention de parler en vérité. Aussi j'attends que les autres me parlent en vérité ; sinon le mot de mensonge n'aurait même plus de sens. Le mensonge

1. *Critique de la Raison pratique*, trad. Fr. Picavet, Paris, PUF, 1965, p. 30.

est par sa nature une perversion de la parole. Déjà les enfants sont intimement blessés lorsque les parents ou d'autres éducateurs leur mentent.

La raison autonome est donc en mesure de reconnaître en elle-même l'universalité des principes pratiques de l'action morale. En proclamant officiellement les droits de l'homme et en dénonçant les crimes contre l'humanité, la conscience publique vise précisément ce qui est universel dans l'humanité de l'homme. Opprimer et exterminer une race déterminée, persécuter les fidèles d'une religion : la conscience publique les juge comme crimes contre l'humanité. Il y a donc bien une éthique humaniste dans l'univers de la rationalité.

Je pense que ce n'est pas un hasard que l'éthique publique des droits de l'homme a été pensée et défendue en Occident. D'une part, la raison éthique y a été formée, entre autres, par le monothéisme biblique, la religion qui a formulé de manière absolue, comme ayant valeur universelle : tu ne tueras pas, tu ne mentiras pas, etc. La métaphysique grecque, d'autre part, avait, elle aussi, du moins en principe, une visée universelle sur l'homme et donc sur les principes éthiques. Formée par ces deux facteurs culturels, la conscience morale a acquis l'autonomie et l'universalité qui lui permettent de juger selon les droits de l'homme considéré comme individu personnel.

Conclusion.

1. Il y a une fausse querelle lorsque certains chrétiens pensent et affirment que la véritable morale exige un fondement en Dieu. C'est l'idée à laquelle Dostoïevski a donné une autorité regrettable par la fameuse phrase : « Si Dieu n'existe pas, tout est permis ».

2. La reconnaissance de l'autonomie de la raison éthique oblige les croyants à se poser la question de ce qui leur est propre, autrement dit de leur identité de chrétiens. Or, il faut bien le constater, bien des prédications et des leçons de

catéchisme sont devenues essentiellement un discours moral comme peuvent le présenter tout aussi bien des incroyants.

3. S'il n'y a pas une éthique spécifiquement chrétienne, il y a cependant dans la foi chrétienne des ressources particulières de confiance, de générosité, de souci pour l'humanité. Jésus-Christ n'a pas proposé une éthique autre que celle du Décalogue. Mais à ceux qui veulent le suivre, il a demandé plus. Il a dit, en effet : si votre perfection n'est pas plus grande que celle des païens, vous n'êtes pas du Règne de Dieu. Ce « plus » est de l'ordre de l'*agapè*. Celle-ci est l'attitude de conformité à la communion d'amour avec Dieu. « Aimez vos ennemis », par exemple, n'est plus un commandement éthique. Et Freud a eu raison d'écrire que cet impératif n'est pas éthique. Mais il avait tort de penser qu'il constitue une injonction anti-éthique. C'est par ce plus de l'*agapè* que, selon Jésus-Christ, les chrétiens doivent être le sel de la terre. Ce sel sauvegarde aussi l'éthique de la raison. On l'a vu, par exemple, après la guerre, quand des politiciens chrétiens en Europe ont pris l'initiative hardie de la réconciliation par l'aveu de la faute et par le pardon. Cet acte qui dépasse l'éthique a beaucoup contribué à la restauration de l'éthique des relations entre États. Aucune psychologie calculatrice ne peut inspirer pareil comportement, qui est celui de l'*agapè*. On voit d'ailleurs l'extrême réticence qu'ont montrée les pays non-chrétiens devant la demande qui leur a été faite d'accomplir une telle démarche.

CHAPITRE V

UNE NOUVELLE ANTHROPOLOGIE

Dans la modernité, la raison se fait systématiquement critique. Pour commencer elle a voulu douter de tout pour atteindre des vérités certaines. Du même coup, avons-nous vu, elle devient réflexive. Elle s'interroge critiquement elle-même, afin de voir par où elle pourrait se fourvoyer pour repérer du même coup les principes et les sources de vérités qu'on peut estimer assurées. Ce retour sur soi a même pour conséquence que le mot « sujet » prend la signification moderne de subjectivité, c'est-à-dire la personne singulière comme *ego*, avec tout ce qui habite son intimité. Cette découverte du sujet s'est développée de manière remarquable. Ainsi, dans le chapitre sur l'éthique, nous avons vu comment Kant a fondé une éthique universaliste en montrant que celle-ci est exigée par l'intention implicite du sujet de l'action et de la parole. La découverte de la subjectivité ne conduit donc pas nécessairement à l'arbitraire subjectiviste.

La rencontre entre l'intérêt pour la subjectivité et l'esprit scientifique manifeste également l'orientation objective que prend l'attention à la subjectivité : on fait la science du sujet. Cette rencontre est même un des phénomènes importants de la modernité. Celle-ci n'a pas seulement organisé solidement la discipline scientifique et démultiplié les recherches sur la nature et sur le cosmos, elle a aussi créé les sciences humaines. La jonction de ces deux mots, science et humain, constitue évidemment en elle-même un problème et ouvre un vaste programme. Comment peut-on faire la science de ce qui n'est pas la nature, physique ou biologique, mais de ce qui est proprement humain ? N'est-ce pas, *a priori*, réduire l'humain au naturel ? La réponse à cette question n'est pas simple. C'est bien pourquoi les sciences humaines comme la sociologie et la psychologie sont des créations récentes, venant après des siècles de philosophie et de sciences de la nature.

Pour la religion chrétienne, qui nous concerne ici en particulier, le problème s'est immédiatement posé de savoir si l'alliance entre le regard scientifique et l'objet qu'est l'homme religieux n'est pas, par nature, une mésalliance. Pas plus que la physique et la biologie, les sciences humaines, en tant que sciences, ne connaissent Dieu. Elles se sont pourtant appliquées à la religion chrétienne comme à un autre objet d'étude, alors que cette religion proclame avoir été instituée par Dieu lui-même, par la médiation de Jésus-Christ. Est-il possible d'étudier psychologiquement le christianisme sans faire du Dieu du monothéisme une création de l'esprit et de la psychologie de l'homme ? De fait, les sciences humaines ont été et restent un important facteur de la modernité critique. Ce n'est pas un hasard, par exemple, si selon les enquêtes d'il y a quelques années, la grande majorité des psychologues étaient athées. Entre-temps la situation s'est fort modifiée. Dans ce qui suit, je m'attacherai à considérer spécialement la science humaine que je connais le mieux : la psychologie.

La nouvelle attention portée au sujet.

Les hommes ont toujours su qu'ils sont des êtres de passions et de sentiments, et non pas seulement l'assemblage d'un corps qui bouge et qui mange, avec un esprit qui pense et qui fait discourir. La littérature épique orale d'Homère, de la Bible, et plus tard celle de la *Chanson de Roland* décrivent déjà les passions avec pertinence, surtout les passions de gloire, d'amour et d'amitié. Et pourtant, en allant de l'Antiquité et du Moyen Âge aux modernes, avec

Montaigne, Racine, Shakespeare, Pascal, Rousseau, on passe à un autre genre. La littérature des Temps modernes fait comparaître sous le regard intrigué des existences singulières, intérieurement traversées de forces et d'idées aussi turbulentes qu'une cité vivante, des existences qui sont aussi énigmatiques pour elles-mêmes que l'est la vie souterraine pour un biologiste. Des génies littéraires ont créé des œuvres de fiction qui demeurent des portraits exemplaires de types psychologiques. Les noms de plusieurs personnages sont devenus les termes symboliques pour des caractères typiques ou pour les traits dominants d'une personne ou d'un groupe ; ainsi Don Quichotte, le mégalomane doux et naïf ; Alceste, le misanthrope, selon Molière ; Macbeth et Lady Macbeth. Ces œuvres sont des tragi-comédies ou des tragédies qui rendent les hommes conscients de ce qui est en eux et de ce qui parfois domine leur existence, alors qu'ils sont aveugles sur eux-mêmes. De cette manière ces œuvres opèrent aussi comme une psychothérapie culturelle et collective.

Une même transformation s'observe dans les arts plastiques. À regarder la peinture du temps gothique, on se sent élevé vers la réalité surnaturelle. Les événements divins y sont figurés en des raccourcis symboliques. Le peintre superpose cet univers religieux sur la nature et sur les réalités humaines, réalités qu'il peint cependant avec un magnifique réalisme. Je comprends en ce sens ce qu'écrit Erwin Panofsky : « ... pour le Moyen Âge, l'œuvre d'art ne résulte pas d'une explication entre l'homme et la nature, selon l'expression chère au XIXe siècle, mais de la projection dans la matière d'une image intérieure [1] ». La Renaissance et le Maniérisme, en revanche, évoquent la nature qui s'ouvre sur des mystères naturels et sur des visions qui troublent la vision. On peint alors des personnages habités par une vie singulière. Léonard de Vinci, par exemple, est fasciné par les expériences que fait la nature et par les insondables expressions des visages. En passant du Moyen Âge à la

1. « Le Moyen Âge », article repris dans *Idea. Contribution à l'histoire du concept de l'ancienne théorie de l'art*, Paris, Gallimard, 1989, p. 60.

Renaissance, on quitte donc le surnaturel chrétien qui vient descendre sur le monde. On attache le regard à la nature et aux personnalités énigmatiques qui excitent la curiosité.

Montaigne (XVIe siècle) disait que sa métaphysique était avant tout de s'étudier lui-même. Cette forte expression dit bien la différence entre les esprits. Qu'il s'agisse de soi-même ou des autres, d'un individu ou d'une société particulière, que ce soit dans la fiction et dans les romans ou dans les observations réalistes, le sujet humain occupe une place centrale dans l'intérêt et dans le questionnement, comme jamais il ne l'avait fait. Dans cette découverte de la subjectivité, le sujet est tout à la fois la personne active qui explore et interprète ce qu'il est, et le sujet soumis aux mouvements des passions et aux idées et conceptions sortant de lui et venant aussi d'en dehors de lui.

L'esprit scientifique mettra son empreinte sur cet intérêt de l'homme pour l'homme. On organise les observations de manière systématique et on construit et vérifie les concepts théoriques appelés à interpréter et à expliquer les observations. Ainsi naîtront les multiples « sciences humaines » que les universités inscrivent à leurs programmes. Dans ces nouvelles sciences, les différentes tendances scientifiques n'ont jamais pacifiquement collaboré, pas même cohabité. La guerre y fera et y fait toujours rage entre les positivistes qui veulent imposer à l'objet humain une conception abstraitement universelle de la science, et ceux qui s'efforcent de modeler la conception de la science d'après les particularités de l'objet d'étude qu'est l'homme.

La psychologie.

La psychologie est la dernière des enfants scientifiques de l'intérêt pour la subjectivité que l'on vient de découvrir. Pourtant, les analyses psychologiques n'ont pas manqué dans le passé. Elles y étaient parfois bien plus profondes et riches que ce qui remplit nombre de pages des ouvrages de psychologie scientifique. Le souci de la rectitude dans la spiritualité chrétienne, en particulier, a stimulé et orienté de multiples analyses très pertinentes, surtout chez les écrivains mystiques. Saint Augustin a été l'initiateur génial de cette littérature, spécialement dans les *Confessions*, son autobiographie philosophique et mystique. C'est surtout en Occident que s'est poursuivi ce type de littérature. À partir du XIIe siècle l'épanouissement de la poésie d'amour a fortement stimulé et inspiré celle-ci.

Le projet de donner aux observations et aux descriptions psychologiques le statut d'une science n'est venu que tard, dans la seconde moitié du XIXe siècle. La psychologie devait d'abord se dégager de l'anthropologie philosophique à laquelle elle se trouvait intégrée. Le problème était d'arriver à délimiter l'objet de ce que l'on nomme intuitivement le psychologique ; la difficulté était aussi de définir la méthode. La première psychologie a pris la voie la plus simple, la voie positiviste : elle voulait traiter les données psychologiques comme des objets naturels et leur appliquer des concepts de causalité déterminante.

La question de la méthode et celle de l'objet sont évidemment corrélatives. Or, il n'est pas si simple de définir le psychique. Ce que saint Augustin disait du temps peut s'appliquer à la psychologie : je sais ce qu'est le temps, mais si on m'interroge je ne le sais plus. On pourrait penser que, pour définir le psychique, il suffit d'aller l'observer là où il se trouve. Mais où se trouve-t-il ? Inspectons, par exemple, le programme d'une faculté de psychologie assez complète. On y trouve la psychologie de la personnalité, la psychologie sociale, la psychologie de l'art, de la religion, de l'éducation, du droit, du langage, de l'enseignement, de l'enfant handicapé, les psychologies cliniques, la psychosomatique, etc. Qu'est-ce à dire ? Que tout ce qui est humain est psychologique, mais que rien n'est exclusivement psychologique. Ou encore, que rien dans l'homme ne s'explique par la psychologie, mais que rien non plus ne se comprend sans la psychologie. Ou encore et pour terminer cette approche, que ce qui est psychologique en l'homme est également marqué ou déterminé par ce qui n'est pas psychologique, inversement ce qui n'est pas psychologique est marqué ou déterminé par ce qui est psychologique.

Un exemple pour illustrer cette thèse. Un enfant d'une mère célibataire et qui ne connaît pas son père, sait ce qu'est un père, parce que le mot circule dans les conversations et dans les récits et parce que cet enfant voit d'autres familles. Ce savoir et la conscience du manque personnel stimulent la nostalgie — ou le désir — du père et donnent forme à plusieurs sentiments qui se développent dans le sujet et dont la psychologie peut essayer de mesurer l'intensité et l'effet sur le comportement : crainte et désir de protection, sentiment de manquer d'un modèle auquel l'enfant puisse s'identifier, désir d'approbation, etc. On ne peut vraiment pas raisonner comme le théologien qui disait un jour : si un enfant n'a pas eu de père, il ne pourra pas bien comprendre ce qu'il dit, quand il répète « Notre Père qui êtes aux cieux... ». Il le comprendra sans doute différemment ; c'est précisément ce qu'il faudra soigneusement examiner.

Le mot « psychisme » vient du grec *psychè*, qui signifie « âme », c'est-à-dire ce qui anime l'être vivant. Aristote a rédigé un petit traité « sur l'âme » *(peri psychès)*. Mais il a mis ce traité dans la biologie. Il s'y agit de ce que l'homme a en commun avec l'animal : la faim, la sexualité, la fatigue, le plaisir... Aristote place dans le traité de l'éthique ce qui a trait à la liberté, et, dans le traité de métaphysique ce qui concerne le divin. Il y a donc là déjà une division du champ psychologique qui est encore celle du bon sens populaire : division entre ce qui en l'homme semble être de nature animale et ce qui en lui est spécifiquement humain. À cette division devrait correspondre celle qui est entre la science et la philosophie. C'est sur ce clivage qu'en principe la psychologie vient jeter un pont en posant que le psychisme est une réalité indivise à deux faces : biologique et spirituelle. À cette science particulière, on a donné le nom de *psycho-logie*, en reprenant le terme grec signifiant âme, *psychè*, sans parler encore d'« âme », du moins en français ; car sous l'influence du christianisme ce mot a pris un sens religieux.

La réalité psychologique.

La découverte moderne de la subjectivité a finalement conduit à reconnaître la réalité du psychique, à lui donner son nom et à créer la science du psychisme. Significativement la nouvelle science psychologique s'est tout de suite attachée à l'étude de la religion et même à la construction de théories qui l'expliqueraient. Les milieux religieux se sont souvent méfiés de cette incursion impertinente des psychologues dans le domaine des croyances et des pratiques religieuses. La méfiance produit l'ignorance et elle a nourri les préjugés des croyants envers la psychologie ; ces dispositions semblaient à leur tour légitimées par l'ignorance et par les préjugés de nombreux psychologues concernant la réalité religieuse. Ce qui nous intéresse ici en particulier, c'est que la longue histoire des incompréhensions a retardé le renouvellement de la théologie que les sciences humaines étaient aptes à stimuler. Une théologie trop rationnelle, trop pénétrée de métaphysique et trop coupée des cheminements spirituels a méconnu ce que, en dépit de toutes ses étroitesses, la psychologie a eu le mérite de mettre en lumière, à savoir que même la religion chrétienne, pour divinement instituée qu'elle soit, s'adresse à l'homme tout entier et l'implique autant dans sa chair psychologique que dans sa raison. La foi est l'acte dans lequel l'homme s'engage avec son existence affective et charnelle autant qu'avec sa raison. Une décision de foi n'est pas ce dont est capable un ordinateur, le mieux programmé qu'il soit. Un ordinateur sait calculer, même mieux que l'homme ; il sait plus ou moins traduire un texte, moins bien que l'homme. Mais il ne sait ni aimer une personne, ni avoir foi en elle, ni la craindre, ni la haïr, ni admirer, ni jouir et se réjouir, ni s'engager librement pour faire de ses sentiments un pacte d'amour. Faute de sentiments et de désirs, un ordinateur n'a pas non plus d'imagination et il ne sait pas se faire d'illusions. Or, tout cela compose aussi le noyau du sujet humain et tout cela fait de la religion une religion vécue.

Le regard psychologique sur un récit de la Bible nous aidera à approfondir un peu nos réflexions sur la réalité psychique. Prenons le récit qui est toujours la première lecture dans une des célébrations eucharistiques de l'Église catholique, celui du livre Les Nombres *(Numeri)* (21, 5-9) qui raconte ce qui arrive à Moïse et à son petit groupe dans le désert du Sinaï, après l'exode d'Égypte. Dans une chaleur torride, ces misérables souffraient la faim et la soif ; ils se révoltaient et criaient qu'ils voulaient retourner aux marmites de viande d'Égypte. Pour comble de malheur, à un certain moment ils étaient infestés de serpents venimeux. Ils ont interprété ce malheur comme la punition que Jahvé leur envoyait et ils ont exprimé leur repentir. Alors Moïse façonna un serpent d'airain, l'éleva sur un étendard et proclama que tous ceux qui regarderaient ce serpent auraient la vie sauve, en dépit des morsures des vipères. Aujourd'hui peu de personnes en Europe croient en l'historicité de tels récits. Augustin et Thomas d'Aquin n'ont sûrement pas eu de doutes à cet égard. Depuis les Temps modernes, un peu de connaissance d'anthropologie culturelle fait dire qu'il s'agit là d'un beau rite magique. La psychologie va plus loin. Sur l'appui d'histoires analogues dans toutes les religions et d'observations psychiatriques et psychothérapeutiques, elle analyse les processus qui sont en jeu en de tels récits qui ne sont ni pure légende, ni pur récit historique. Il y a eu très probablement des faits que les récits ont ensuite gonflés et un peu transformés. La psychologie peut donc considérer un tel récit comme ayant une réalité psychologique, même s'il est en partie fictif, et elle peut essayer d'en dégager les motions de nature psychologique qui l'expliquent en une certaine mesure. Ce petit épisode est effectivement fait de l'enchaînement de trois processus. D'abord, le sentiment de culpabilité a pour effet que les sujets interprètent les malheurs comme la punition qu'envoie Dieu. Chez les incroyants, l'idée surgit parfois qu'une divinité inconnue et méchante inflige les malheurs. Les Grecs appelaient cette divinité le *Kakos theos*. Dans le récit biblique cité, c'est dans l'invasion de vipères qu'on voit la punition divine ; en d'autres cas, la colère divine se manifeste dans un tremblement de terre, ou dans la foudre qui tue, comme Luther l'a cru lorsqu'un ami qui se promenait avec lui fut foudroyé. Ensuite, l'expérience du malheur met en mouvement le désir d'être protégé dans son bien-être par une puissance surnaturelle, sorte d'ange gardien ou figure paternelle puissante plus ou moins divine ; dans le monothéisme, on attribue cette fonction à Jahvé. L'expiation de la faute tend alors aussi à réconcilier la puissance protectrice avec l'homme en faute. Enfin, lors de ces moments d'angoisse et de désir intense, l'homme fait des gestes que la psychologie interprète comme signifiant l'accomplissement de son désir ; l'intensité de son émotion et de son imagination fait, en effet, qu'il se représente son désir comme étant déjà réalisé par son geste. En regardant le serpent, symbole de vie comme de mort, les compagnons de Moïse avaient le vif sentiment d'avoir part à sa secrète puissance de vie. D'après la présupposition du monothéisme biblique, c'est Dieu qui donnait la vie par la médiation du serpent regardé. Il y a là une croyance spontanée dans l'efficacité des gestes expressifs et symboliques. Dans cette croyance, Freud voit l'émanation de la toute-puissance imaginaire des désirs, toute-puissance qui est propre à tout psychisme au stade archaïque de son développement. De fait, pour un enfant la frontière est mobile entre le jeu de l'imitation et le sentiment d'agir dans la réalité qu'il imite ludiquement.

Dans sa liturgie, l'Église a fait du rite magique de Moïse le symbole de l'élévation de Jésus-Christ sur la croix. La tradition chrétienne appelle cette interprétation une lecture typologique de la Bible ; on y lit des types (des figures) qui prédisent symboliquement les faits et les événements de Jésus-Christ. Dans cette lecture, le regard que les Juifs mordus par une vipère posent sur le serpent d'airain est la préfiguration du regard de la foi posé sur Jésus-Christ crucifié. Or le regard de foi sur Jésus-Christ est ce qui sauve l'homme.

Des faits comme celui que je viens de commenter ne sont pas propres aux religions anciennes ou exotiques. On les retrouve toujours dans les religions populaires ; mais les personnes formées par une culture critique contrôlent les représentations et les mouvements affectifs qui, en eux aussi, surgissent par moments. En voici un exemple illustratif. Un jour que j'assistais aux funérailles d'une femme morte d'un cancer foudroyant, le mari que je connaissais vint vers moi et me dit, autant avec consternation qu'avec tristesse : « Qu'est-ce que j'ai pu faire pour que Dieu me fasse cela ? ! » On entend des paroles analogues dans la bouche de malades souffrant de violentes douleurs. Même des chrétiens instruits laissent s'échapper de telles idées qui surgissent du fond obscur d'eux-mêmes, mais ces idées n'expriment pas leurs convictions de foi. Dans ces énoncés spontanés et affectifs, nous observons ce que beaucoup de psychologues appellent le processus d'attribution ; on attribue à Dieu la cause du malheur en l'interprétant comme une punition.

Je crois que ces exemples suffisent pour faire sentir ce qu'est la réalité psychologique. Les faits psychologiques, comme le sont les comportements qu'on vient de commenter, ont un sens. Ils appartiennent donc aux domaines culturels : à la morale, à la religion, aux relations intersubjectives. Et cependant, pour la raison lucide qui y réfléchit, ces faits n'ont pas toujours un sens que la raison éclairée peut justifier. Les chrétiens instruits dont j'ai parlé le savent fort bien ; mais ils doivent travailler sur eux-mêmes pour ne pas se laisser déborder par ces idées et, dans ces cas cités, ils doivent résister à la révolte contre ce Dieu « injuste » et à l'envie de rejeter tout ce qui est religieux. Ces idées et ces sentiments surgissent donc d'une couche profonde d'eux-mêmes et que les circonstances réactivent. Cette couche où s'agitent des idées que la raison ne veut pas reconnaître, c'est l'inconscient. Cet inconscient est fait d'idées-forces qui agissent causalement sur l'esprit et sur les sentiments. Dans l'exemple biblique considéré, de telles idées-forces agissent aussi sur les comportements et font accomplir un rituel.

Phénomènes pathologiques d'apparence surnaturelle.

Le phénomène de la possession par un esprit est très répandu dans les religions. Les évangiles synoptiques en rapportent beaucoup et racontent comment Jésus a emporté la victoire sur les diables et libéré les possédés. Mais la psychologie, surtout la psychanalyse, a radicalement changé notre regard sur ces phénomènes.

J'introduirai mes commentaires en racontant brièvement une expérience clinique. Un jour j'ai été consulté par une jeune femme diplômée universitaire qui, après ses études, a mené une vie plutôt libertine dans une ville éloignée de son milieu familial. Puis elle a été saisie de remords, s'est rappelée son éducation chrétienne, s'est convertie et a demandé à être accueillie par un monastère où elle espérait s'engager. Après quelques mois de postulat elle a présenté les symptômes classiques de la possession : agitations violentes, surtout la nuit et dans l'église ; fureurs et violence de folle, criant des blasphèmes pendant l'office ; agressivité et attaques subites contre des religieuses responsables, et cela avec une force surhumaine, apparemment surnaturelle. Elle n'était pas folle au sens psychiatrique du terme (pas psychotique). Elle était calme la majeure partie du temps. Elle a demandé l'exorcisme avec insistance et à plusieurs reprises. Les responsables du monastère ont cru d'abord, elles aussi, à la possession diabolique. En attendant l'éventuel exorcisme, elles ont placé le saint sacrement dans la cellule de la jeune postulante et une religieuse l'accompagnait la nuit pour essayer de prier avec elle pendant les moments supposés d'agressions diaboliques. Après quelques mois, devant l'échec de cette thérapie religieuse, elles sont venues me parler. J'ai conseillé une psychothérapie. Après huit entretiens, tenus dans la neutralité par rapport aux conceptions religieuses et philosophiques, comme l'exige la psychothérapie, les crises diaboliques ont cessé. Bien sûr, la personne n'était pas encore guérie pour autant ; mais la psychothérapie poursuivie portait sur les causes psychologiques profondes de ce qui avait agité la patiente.

Dans ce cas-ci, comme en d'autres qui lui ressemblent fortement, la possession diabolique est incontestablement un phénomène psychopathologique, puisque la psychothérapie techniquement conduite libère la personne. Les symptômes ont manifestement une nature psychologique, car on peut en sentir intuitivement le sens : rage, explosion paroxystique de l'affect, hostilité contre Dieu et contre la religion, agressivité meurtrière contre les religieuses qui veulent la calmer, violence pratiquée sur elle-même. Tout en ayant un sens psychologique, ces manifestations sont néanmoins des symptômes. Aux yeux des observateurs comme de la personne elle-même, ce comportement est déraisonnable, produit ou causé par ce qui ne relève ni de la conscience ni de la liberté de la personne. Et comme les raisons et les causes de ce comportement sont trop contraires à la raison qui réfléchit et trop puissantes pour qu'elle puisse les maîtriser, et comme les explosions apparemment diaboliques se répètent invariablement, il faut parler, dans ce cas, de l'inconscient au sens fort du terme. Cet inconscient consiste dans un ensemble d'idées-forces ; mais la patiente repousse celles-ci avec une telle force psychologique qu'elle ne peut pas prendre conscience que tout cela surgit d'elle-même. Elle attribue ce qui l'agite à l'action du démon en elle et sur elle. La libération thérapeutique progressive l'amènera à prendre conscience des sources de ce comportement qui sont en elle-même, cachées, et dont elle ne veut rien savoir. Ce qu'il y a au fond, c'est une sorte de haine de Dieu. Non pas haine parce que Dieu la jugerait et la punirait, mais parce que Dieu existe et qu'Il lui a fait signe pour qu'elle se convertisse. Dans son inconscient, elle agite les mêmes idées et sentiments que ceux dont a témoigné le poète Paul Claudel après sa conversion : « Ce qui était le plus répugnant, à mes opinions et à mes goûts — [c'est-à-dire le message chrétien] — c'est cela pourtant qui était vrai. » J'ai entendu une jeune convertie exprimer des réactions analogues à celles de Claudel. En plein désarroi peu après son baptême, elle disait : « Je ne peux quand même pas tuer Dieu ! » À la différence de la « possédée », cette personne pouvait, tout comme Claudel, librement exprimer ses sentiments de révolte contre le Dieu qui s'était introduit dans son existence et qu'elle avait d'abord reconnu avec bonheur. La « possédée » ne pouvait pas le dire et par conséquent, sans aide thérapeutique elle ne pouvait pas travailler consciemment son problème.

Comment comprendre dans ce cas la conviction d'être possédée, conviction accompagnée des symptômes qui sont ceux des possessions que décrivent par exemple les évangiles ? Le fait fondamental est que les idées-forces inconscientes réprimées par la patiente ne se laissaient pas réduire au silence. Par un processus inconscient, elle les transférait sur le diable dont elle faisait inconsciemment son porte-parole et son agent exécutif. Par là elle se trouvait doublement soulagée. Premièrement, elle pouvait indirectement donner libre cours à son agressivité et à sa haine. En deuxième lieu, par ce transfert sur le diable, elle se déculpabilisait, puisqu'elle était la victime du démon. D'autres bénéfices plus secondaires pouvaient s'ajouter à ces deux motivations inconscientes ; par exemple, prouver que toutes les prières sont impuissantes contre le diable, et que la religion chrétienne n'est donc qu'une tromperie. Cette dernière disposition se répétera à l'intérieur de la thérapie ; elle aura involontairement la tendance à la faire échouer et à prouver aussi que sa maladie, donc elle-même, est plus forte que son thérapeute.

L'explication psychologique des possessions diaboliques est le fruit de nombreuses observations et recherches cliniques de toutes sortes. Car, dans la psychologie, comme dans la biologie de l'évolution et comme en toute science, les compréhensions théoriques se forment très lentement à travers tâtonnements, erreurs et sottises. Au début des Temps modernes le concept scientifique de la réalité psychique ne s'était pas encore formé. Confronté à des phénomènes humains étranges comme la possession, la folie ou la criminalité psychopathique, on cherchait l'explication dans la volonté moralement perverse, dans les perturbations de l'organisme physique ou dans des causes extranaturelles.

Aussi voit-on à ce moment l'Église prendre position devant les possessions comme elle l'a fait devant les miracles. Elle adopte les conceptions de la rationalité scientifique pour distinguer avec leur aide, d'une part, les phénomènes qu'on peut juger rationnels et naturels et, d'autre part, ceux qui, par leur caractère « extra-naturel » prouveraient l'intervention de puissances surnaturelles, diaboliques ou divines. Par l'exorcisme réussi on pouvait alors, pensait-on, apporter les preuves quasi scientifiques de la vérité des affirmations de l'Église et des évangiles. On prouverait *et* que le diable est réellement une puissance néfaste et dangereuse dans le monde *et* que l'Église a reçu de Jésus la puissance qui triomphe du diable. Songeons au cas de possession qu'un film a rendu célèbre : celle, au XVIIe siècle, de Jeanne des Anges et des religieuses dont elle était la supérieure à Loudun. Après l'exorcisme, Jeanne des Anges a parcouru la France et a été triomphalement reçue par les pouvoirs civils et ecclésiastiques et par les populations, comme trophée éclatant de la victoire de l'Église sur le mal.

Il ne faudrait pas voir en de tels faits une soif de pouvoir et une apologétique abusive de la part de l'Église. Dans son ensemble, la société civile pensait de la même manière que l'Église. L'exorciste de Jeanne de Anges, le père Surin, était d'ailleurs à son époque un des hommes les plus intelligents, les mieux éduqués, les plus profondément croyants et même mystiques qui soient. Toutefois l'interprétation compréhensive des errements du passé ne doit pas supprimer notre méfiance de ceux qui, *de nos jours*, défendent avec acharnement *et* la possession *et* la nécessité de la pratique de l'exorcisme. Laissons de côté les guérisseurs et guérisseuses, les magiciens et magiciennes qui profitent de la crédulité de naïfs angoissés. Ce qui est réellement préoccupant, c'est que des chrétiens, religieux et laïcs, même des psychiatres, défendent parfois agressivement l'ancienne croyance aux possessions. Une telle position est trop suspicieuse et défensive envers la modernité pour ne pas être inquiétante. L'anxiété leur fait confondre la foi avec les interprétations qui sont culturellement relatives, et celles-ci avec la vérité comme certitude rationnelle ; ils n'admettent aucune réinterprétation des évangiles et ils voudraient prouver scientifiquement la vérité des croyances qui relèvent plus de l'héritage humain que de la révélation divine.

Psychologie de la religion.

La rationalité critique s'est astreinte à expliquer par des processus naturels des phénomènes où l'on avait jusque-là cru percevoir l'intervention de puissances surnaturelles. Cela représente une immense révolution dans les mentalités. La psychologie confirme l'état d'esprit où le monde semble fermé sur lui-même, comme un système qui est en principe scientifiquement intelligible. Alors se pose naturellement la question de l'idée même de Dieu. Est-ce que la foi en Dieu ne serait pas, elle aussi, une croyance psychologiquement explicable ? C'était l'hypothèse de Freud et de bien d'autres théoriciens. Mais une hypothèse n'est pas encore une théorie scientifique légitimée par les observations et les interprétations plausibles de celles-ci.

Déjà les faits de possession sont plus complexes qu'il n'y paraît lors d'une première explication. En accumulant ses observations, la psychanalyse en arrive à affirmer présomptivement que *toutes* les possessions diaboliques s'expliquent par les mêmes processus fondamentaux combinés avec des données de l'histoire individuelle. Personnellement, je partage et je défends cette conviction, tout en soulignant que la psychologie ne saurait évidemment pas prouver que le diable n'existe pas ; si l'affirmation de son existence et de ses actions fait réellement partie de la révélation biblique, la psychologie nous oblige alors à dire qu'il se cache dans la psychopathologie des hommes. Cependant, l'observation clinique montre aussi que les possessions ne s'expliquent pas simplement par des mécanismes psychologiques, car elles s'installent lorsque, dans un contexte approprié, la personne en détresse — à cause de sa culpabilité, de sa violence meurtrière et de sa révolte contre Dieu — a entendu ou lu le mot « diable » associé à l'idée de possession. Là, une effervescence psychologique chaotique, trouble, angoissante donne tout d'un coup sa pleine signification personnelle à un mot religieux qu'on connaissait, mais auquel on n'avait pas attaché de signification : le diable comme figure du mal. En retour, cette représentation religieuse du diable permet à ces personnes d'interpréter inconsciemment les troubles vécus comme étant causés par lui, ce qui leur donne un sentiment de soulagement. La possession est psychologiquement réelle, mais elle n'aurait pas eu lieu sans l'influence efficace du langage qui évoque le diable.

D'où est alors venue la croyance elle-même en le diable ? À cette question, je propose la réponse suivante. Depuis des millénaires, il y avait dans l'humanité la croyance en des esprits, bons et mauvais, et en leurs interventions. Les hommes ont, en effet, toujours fait l'expérience qu'il y a dans le monde des forces mystérieuses et qu'en eux aussi des puissances débordent leur raison et leur maîtrise d'eux-mêmes. Dans les passions — amour, jalousie, haine —, dans les enthousiasmes, dans les expériences de la grandeur de la nature, dans les inspirations poétiques, les hommes se sont éprouvés comme touchés et habités par une puissance vaguement spirituelle — positive ou maléfique — qui les dépasse, qui circule aussi dans le monde et qui possède apparemment d'autres personnes. Ces forces, on les a représentées comme des êtres plus ou moins individualisés.

En introduisant le présent chapitre sur l'invention moderne de la psychologie, j'ai dit qu'il y avait un problème du statut de la psychologie. En effet, tout ce qui est humain est psychologique, mais rien ne l'est purement. Ce principe qui détermine le domaine équivoque de la psychologie s'applique aussi à la possession et à la religion en général. Tout y est psychologique, mais la religion comme telle ne s'explique par aucune théorie psychologique. Ma conviction est que l'idée d'un surnaturel personnifié est née de la combinaison de plusieurs facteurs : des expériences de puissances agissant dans la nature et en l'homme, des réflexions sur les origines, une spontanéité imaginative du langage actualisé en récits... Dans cette sphère du surnaturel, l'homme a placé des êtres bienveillants, malveillants et ambivalents. Des processus psychologiques comme ceux que je viens de décrire ont conduit certains à faire des puissances surnaturelles leurs hôtes internes, opportuns ou intempestifs.

Ce qu'étudie la psychologie de la religion, c'est donc toujours l'alliage entre des facteurs psychologiques et des représentations d'êtres divins ou démoniaques faisant partie de la religion avec laquelle la personne est entrée en contact. Je m'explique encore brièvement en reprenant l'exemple de l'homme plongé dans la détresse par la mort trop cruelle de sa femme. Dans sa réaction « pourquoi Dieu m'a-t-il fait cela ? », il attribue à Dieu ce que, dans sa conscience lucide et dans sa foi, il sait ne pas être une action de Dieu. La psychologie explique cette réaction par le processus de l'attribution. Mais l'attribution à Dieu n'existerait pas si cet homme n'était pas un croyant chrétien. L'idée de Dieu lui est venue de la longue tradition culturelle et chrétienne. S'il n'avait pas été chrétien, s'il avait été un ancien Grec ou un Africain animiste, il aurait probablement attribué son malheur à la vengeance ou à la jalousie d'un mauvais esprit.

Il y a une psychologie de l'art, mais la psychologie n'explique entièrement ni la création artistique, ni le plaisir artistique. Il y a une psychologie de l'amour sexuel ; mais qui osera dire que la psychologie explique l'amour comme tel ? Tout le problème de la psychologie est de voir que, dans la réalité psychologique, cause et signification sont indissociables. Mais « indissociable » ne signifie pas qu'on explique causalement le sens du vécu. Et c'est pourtant ce que font bien des psychologues. En rapport à la religion, de nombreux psychologues et aussi des gens contaminés par la psychologie appliquent avec une assurance impertinente des schèmes explicatifs qu'ils n'oseraient pas mettre à l'épreuve de leur propre existence. Comme tout homme ou toute femme, ils disent à leur épouse ou à leur enfant : « je t'aime ». Mais quand ils font la théorie psychologique des autres, ils pensent, bien entendu sans le dire : c'est parce qu'il a besoin d'être plus assertif et plus assuré contre ses angoisses. Pour être honnête, ils devraient dire à leur épouse la phrase absurde : « je t'aime, mais en tant que psychologue scientifique je sais que c'est pour être moins angoissé ». Ils donnent une explication causale et par là détruisent le sens de l'amour. Ils parlent comme si on aimait seulement à cause d'un facteur psychologique interne, et non pas aussi et d'abord parce que l'autre *est* objectivement aimable. Or, n'est-ce pas à cause de ses qualités qu'on aime l'autre ? Pourquoi n'en serait-il pas de même dans la relation religieuse ? Bien sûr, il faut que la réalité et les qualités de l'autre, le divin ou Dieu, puissent être aperçues. La psychologie étudie précisément les facteurs personnels et culturels qui rendent possible ou impossible pareille appréhension ; parmi ces facteurs sont les désirs et les angoisses que le sujet peut déposer sur la représentation de Dieu ou du divin qui lui a été transmise.

La psychologie est née de l'esprit critique et de la découverte de la subjectivité. Elle a expliqué beaucoup de phénomènes religieux : des représentations très humaines du divin et de Dieu, des croyances et des pratiques. Comme la religion vécue n'est pas un système théologique, mais une vie relationnelle de l'homme entier, il est normal que bien des éléments psychologiques imaginaires soient présents dans cette relation, quelquefois même des facteurs troubles et pathologiques.

La compétence de la psychologie est donc limitée, dans le domaine de la religion comme en tout autre domaine. Et pourtant, encore aujourd'hui, nombreux sont ceux, par exemple, parmi les commentateurs à la télévision et à la radio, qui utilisent des concepts théoriques de la psychologie avec l'air d'expliquer la religion. Et dans le climat de la pensée rationaliste, moins on connaît la religion, plus rapidement a-t-on et donne-t-on l'impression que la psychologie l'explique. Deux groupes sont à distinguer parmi les pratiquants de cette psychologie ingénue et assurée d'elle-même. Il y a ceux qui, éduqués chrétiennement, doutent de la foi et voient dans la psychologie la science humaine qui légitime leur doute. Il y a les incroyants qu'embarrasse la permanence de la religion et les manifestations de son indéniable vitalité. Or, si par sa nature l'homme fait la théorie des choses qu'il observe et qui le touchent, devant l'énigme de la religion les incroyants sont tentés de construire une théorie qui l'explique. À notre époque où un peu de psychologie fait partie de la culture générale, on recourt alors, et souvent très rapidement, à quelques concepts psychologiques qui rendraient compte de ce curieux phénomène qu'est la religion. Le plus commun et en fait le moins intelligent de ces concepts est celui du besoin religieux : certains auraient encore ce besoin et d'autres, plus autonomes, ne l'auraient plus.

Conclusion.

La découverte et l'étude scientifique de la subjectivité psychologique ont énormément contribué à développer la compréhension critique de toutes sortes de phénomènes humains énigmatiques : maladies mentales, mouvements fascistes, problème de l'amour sexuel, etc., également des expériences, représentations et pratiques considérées comme religieuses. Des esprits rationalistes ont utilisé les concepts théoriques de la psychologie en faveur de leur réduction critique de toute religion à une illusion des désirs, ou à une sorte de rationalité imaginaire, ou bien tout simplement à un mode d'existence non encore pleinement « adulte ». Ce regard critique de la psychologie s'est diffusé dans la civilisation en Occident et a ébranlé certains croyants. Ceux-ci peuvent néanmoins trouver dans la psychologie de puissants moyens pour clarifier et purifier la religion. En ce sens, le regard critique de la psychologie s'accorde avec celui qui est intérieur à bien des textes du monothéisme biblique. À cet égard on peut reprocher à Freud de n'avoir pas vu que, dans la foi en Dieu elle-même, il y a également une exigence de purification et de clarification. Il parle bien de la spiritualisation de la culture que représente le monothéisme ; mais à ce moment il ne considère que de manière abstraite la différence entre le polythéisme et le monothéisme biblique. Pourtant les évangiles sont pleins de textes qui déploient les exigences du Dieu de la révélation en des formulations très concrètes et de grande sagesse psychologique. La psychologie peut s'associer à ces préceptes et conseils, les authentifier et contribuer à rendre intelligible ce qui est déjà immanent dans le message religieux. Somme toute, la psychologie éclaire la réception trouble que fait l'homme du message religieux, animé qu'il est par ses passions, ses désirs, son imagination et son histoire personnelle.

CHAPITRE VI

RATIONALITÉ TECHNO-ÉCONOMIQUE, ORDRE POLITIQUE, SÉCULARISATION

La rationalité conquérante s'est étendue au-delà des domaines de la pensée et du savoir, et elle a façonné la vie concrète du travail, des rapports sociaux et politiques. Longtemps animées par le christianisme dans ses formes expressives et dans ses significations profondes, les sphères pratiques de l'existence se sont largement rendues autonomes par rapport à la religion. Avec la modernité, le monde semble destiné à devoir se partager en deux sphères : celle, publique, de la vie civile et économique et celle, privée, de l'amour et de la religion. Et comme c'est le progrès de rationalité qui a opéré cette fracture, le monde chrétien paraissait exposé à reproduire à sa manière l'antique conflit que Hegel croit repérer dans le drame d'Antigone. Celle-ci représente en effet, dit Hegel, l'ancienne fidélité au sacré des liens familiaux alors que Créon, gouverneur responsable de la Cité, obéit à la raison d'État et s'estime obligé à condamner Antigone à être enterrée vivante. Selon la superbe métaphore de Hegel, la loi du jour, celle de la raison et de la Cité, fait reculer la loi de la nuit, celle de la religion et de l'amour sexuel. Toutefois, en se souvenant de la confrontation entre le polythéisme et le monothéisme biblique, surtout chrétien, on se dit que, si l'antique conflit se répète, ce doit être par un malentendu, sans doute intelligible : le transfert fait de part et d'autre d'anciennes conceptions religieuses sur le christianisme.

En imprégnant les lieux pratiques et publics de la vie, la rationalité moderne a en tout cas profondément modifié la situation concrète du christianisme. Les malentendus et les conflits ont quelquefois fait dégénérer la séparation en divorce manqué.

Le monde techno-industriel et économique.

Il y a une rupture entre le « monde de vie » de l'*homo faber* maniant ses outils et celui du travailleur utilisant les techniques qui mettent en œuvre le savoir acquis par les sciences modernes. L'outil de l'*homo faber* fait la jonction entre le corps dynamique et la donnée naturelle sur laquelle et avec laquelle il agit. Les Grecs appelaient *technè* le savoir-faire des artisans qui fabriquaient et utilisaient les outils. Pour les Grecs et longtemps encore pour les hommes du Moyen Âge, les « artistes » étaient des artisans qualifiés pour ce qu'on nomme aujourd'hui les « beaux-arts ». Depuis, le technicien a largement remplacé l'*homo faber*. Un des phénomènes les plus importants des Temps modernes consiste dans l'invention, l'extension et la stupéfiante augmentation en efficacité des instruments technologiques. Autant que faisable on remplace les outils par des outillages techniques aussi automatisés que possible. La machine à vapeur en est le premier modèle. Elle est au départ de la « révolution industrielle », véritable transmutation culturelle, conduisant aussi aux révolutions sociales.

Regardons d'abord de plus près ce qu'est la technique au sens moderne. Elle prolonge l'entreprise qu'est la science. Celle-ci arrache à la nature les secrets jusque-là cachés sous la face phénoménale de la vie, de la nature physique et du cosmos. La science révèle ainsi des énergies latentes ou enfouies, différentes de celles que la nature met directement à la disposition de l'homme. La science apprend aussi à maîtriser ces énergies en révélant les lois qui les régissent. De cette manière l'*homo faber* s'est fait ingénieur au sens large du terme : constructeur de machines qui fonctionnent selon des programmes rationnellement établis et qui produisent ou captent des énergies et les conduisent à produire les biens souhaités.

Les caractéristiques de la technique ont profondément modifié le travail et le style de vie de l'homme moderne. Tout d'abord, le rapport à l'instrument de travail est devenu radicalement différent. Alors que l'outil est conçu pour s'adapter à l'action corporelle, l'instrument technique est une entité subsistant par elle-même, fonctionnant automatiquement en prenant l'énergie mise à sa disposition. L'homme qui l'utilise ne peut que se conformer à la composition et au réglage de la machine. La finalité interne de la technique conduit même à construire des outillages qui se détachent autant que possible de la subjectivité humaine. Ce que l'homme fabrique pour dominer la nature et pour exploiter et amplifier les ressources de celle-ci, ne le sert que s'il se laisse aussi dominer par sa construction.

Une entité autonome et impersonnelle s'interpose ainsi entre l'homme et la nature. La finalité de l'outil ne fait que prolonger celle du corps humain en prise sur les choses. La technique brise le pacte de l'artisan avec les choses et avec la nature, et aussi le pacte de l'homme artisan avec ceux pour qui il travaille. L'instrument technique est programmé pour produire un bien qui sera mis à une distance d'espace et de temps, destiné à des consommateurs ou des utilisateurs étrangers et lointains.

Par l'automatisation, la technique a surélevé un des principes inhérents à l'action humaine : l'efficacité. Celle-ci devient la finalité dominante de l'invention et de la construction technologiques. Augmenter la production des biens et diminuer l'utilisation des ressources humaines et naturelles est la seule loi de l'activité technique.

La loi de l'efficacité, loi fondamentale de la rationalité technique, ne peut évidemment bien fonctionner que si elle régit toute la sphère du travail, aussi bien l'organisation, la distribution et le financement que le machinisme de la production. L'ordre techno-économique est solidaire de la rationalité technique. Par lui-même, l'ordre économique obéit à la même loi de l'efficacité. Il est dès lors animé par une finalité interne à sa constitution : celle de la gestion la plus rationnelle, techniquement éprouvée, et celle de l'intensification productrice. Les gestionnaires et les distributeurs coordonnent dès lors leurs efforts sur le plan national et ils tissent de plus en plus de vastes systèmes qui dépassent les frontières des États. Les prévisions et les révisions techniquement étudiées règlent l'ensemble des activités productrices. De la sorte l'économie, dans ses planifications et dans les mises en œuvre de ses projets, est devenue un immense processus technique, largement impersonnel comme l'est l'outillage automatisé. À moins que par une volonté commune les hommes n'y introduisent des facteurs étrangers à sa finalité interne et à son fonctionnement automatique, le système économique domine l'homme qui l'a inventé pour s'en servir.

Rien ne le signale plus crûment que les problèmes posés par la surproduction. L'ordre économique force alors les autorités politiques à stimuler techniquement la consommation des biens, voire à détruire des biens encore utiles et à en acheter de nouveaux, dans le seul but de maintenir en fonction des outillages techniques devenus surpuissants.

L'ordre politique rationnel et sécularisé.

Le système techno-économique est en interaction constante avec une autre entité qui, tout en étant suprapersonnelle, n'est pas un automatisme impersonnel : l'ordre politique. J'entends par ordre politique l'ensemble des lois et institutions établies pour organiser la vie en commun des personnes qui, par l'histoire ou par leur choix, forment une communauté ayant ses droits et ses frontières et qui veulent la maintenir. Cette communauté se reconnaît et se fait reconnaître par les signes symboliques de son identité et par les organismes qui lui donnent sa consistance et l'efficacité de ses initiatives.

On considère ici l'État de droit qui, par définition, est démocratique. Dans leurs formes géographiques et dans leurs organisations concrètes, ces États résultent souvent d'une longue histoire faite de hasard, de violence, de solidarité de mœurs et de souvenirs, une histoire animée aussi par des symboles culturels qui façonnent les mentalités. Dans ces États convergent donc plusieurs intérêts. Normalement, mais de manière variablement importante, les institutions politiques concrétisent la volonté des « citoyens » d'organiser ensemble leur vie, de maintenir une identité symbolique léguée par l'histoire culturelle, et de sauvegarder et d'améliorer le bien-être.

La finalité constitutive de l'ordre politique requiert qu'il joue un rôle important dans la sphère économique. Ce rôle est triple. Les responsables de l'État soutiennent et défendent le système techno-économique, ils veillent à la juste distribution des biens et, selon la volonté des citoyens qu'ils représentent, ils y interviennent afin d'en guider le fonctionnement et de protéger les personnes contre des conditions de travail jugées physiquement ou psychologiquement nocives. Par lui-même, le système économique est impersonnel et aveugle à tout ce qui ne relève pas de sa finalité interne. Au sens propre, il est technique et, autant que possible, il est, lui aussi, automatisé selon ses propres lois de fonctionnement. L'ordre techno-économique est donc par principe sans éthique. Ce n'est que par l'ordre politique qu'il peut être soumis aux exigences éthiques de ceux qui s'en servent et que, laissé à lui-même, il tyranniserait.

L'« horreur économique » s'installe lorsque l'ordre politique se soumet sans plus au système techno-économique, dans la conviction de produire *de cette manière* et du même coup la vie radieuse de l'avenir. Mais en s'unissant alors étroitement au système économique, et en identifiant l'une avec l'autre la raison économique et la raison politique, l'ordre politique non seulement sacrifie l'État de droit à ce projet, mais, avec « l'horreur économique », produit aussi le désastre économique. Le projet de diriger idéologiquement l'ordre techno-économique immensément complexe requiert en outre un réseau bureaucratique également immense. En conséquence, l'ordre politique, au lieu d'être la médiation plus ou moins personnelle entre les citoyens et le système économique, se transforme lui-même en un automatisme impersonnel et distant des personnes qu'il prétend servir.

L'État de droit appartient, lui aussi, à l'ordre moderne de la rationalité, différent cependant de celui de l'économie. Les leçons de l'histoire récente nous enseignent qu'à confondre la raison politique et la rationalité économique on finit par ruiner les deux. Quels que soient les méandres de l'histoire de sa formation, l'ordre politique a son origine dans la volonté passée et actuelle des habitants de former une communauté reconnue. Sa finalité est d'organiser une vie commune où l'égalité des citoyens soit effectivement reconnue par tous et où, par conséquence, les conflits soient réglés par des procédures excluant toute violence individuelle. L'État de droit implique la participation de tous à la vie publique et donc aussi l'éducation de tous nécessaire à cet effet. Il suppose que les citoyens s'accordent sur les principes éthiques essentiels que la finalité même de cet État impose. Un de ces principes consiste à garantir la liberté religieuse et le respect pour les convictions et les valeurs personnelles des individus pour autant que celles-ci ne soient pas contraires à l'État de droit lui-même. La vie en commun sur laquelle s'accordent les citoyens qui portent cet État à l'existence, exige la reconnaissance de ces libertés, car, d'une part, la finalité qui détermine l'État de droit n'implique pas de références religieuses constitutives de cet État et, d'autre part, dans le monde moderne, façonné par le christianisme et par la raison grecque, l'égalité des citoyens comporte la reconnaissance de leur droit à leurs convictions personnelles.

En conséquence, par son origine et par sa finalité interne, l'État de droit est « sécularisé », au sens qu'a ce terme pour caractériser la situation effective et naturelle de l'État de la modernité, en le contrastant avec l'ordre plus ou moins théocratique des royaumes du Moyen Âge. Laissons de côté pour le moment les lourds conflits religieux qui ont souvent accompagné la naissance de l'État de droit ; on voudrait ici seulement montrer que, par une nécessité interne inéluctable, cet État doit être l'organisme public religieusement et philosophiquement neutre. Accepter sa sécularisation « par hypothèse », c'est-à-dire comme un moindre mal, ainsi que des théologiens et des autorités de l'Église l'ont fait, revient à méconnaître le sens même de cet État. Celui-ci, en effet, n'a qu'une finalité, politique au sens qu'on vient de décrire. Cette finalité limite ses droits et sa tâche. Elle implique aussi les fondements de son autorité et détermine les instances devant lesquelles les autorités de cet État sont responsables en tant qu'acteurs politiques. Dans la réalité historique du monde moderne, l'État de droit ignore donc Dieu. Ses responsables tirent leur autorité de la seule communauté et ils n'ont de compte à rendre qu'à celle-ci, et cela selon les procédures légales définies par cette communauté. Dans l'hypothèse où une grande majorité des citoyens voudrait inscrire dans leur constitution la référence religieuse à Dieu et à l'Église, cet État ne serait pas théocratique pour autant ; il ne serait de quelque manière religieux qu'en vertu de circonstances particulières et contingentes. Encore cet État devrait-il respecter la liberté des non-croyants et de leurs principes d'éducation, sous peine de contredire *et* les principes chrétiens *et* l'éthique politique.

En dépit d'un décalage temporel par rapport à l'ordre rationnel en d'autres domaines, l'État de droit s'est formé aux Temps modernes parce qu'il est né de la modernité qui en fait intrinsèquement partie. Des penseurs révolutionnaires et rebelles à l'Église n'ont pu que précipiter un fait culturel qui est dans l'ordre des choses. En effet, la science a aidé à concevoir le monde dans son autonomie. La technologie scientifique a poussé à régler rationnellement les relations entre les individus et les communautés, et les relations entre les communautés. Les philosophes et les juristes éclairés ont mis en lumière les lois et les fondements internes d'une éthique raisonnable. Toute la civilisation avançait donc vers la différentiation rationnelle entre les domaines qui la composent et vers l'identification précise de leurs limites et des intersections entre les compétences qu'ils impliquent : éthique, politique, économique, recherche scientifique, religion.

Loi de l'efficacité, principe fonctionnaliste, malaises de civilisation.

La rationalité technique n'a qu'une loi, celle de l'efficacité. On ne peut pas reconnaître l'essence de la technique, célébrer ses immenses mérites, et s'insurger contre sa loi d'efficacité et contre le caractère impersonnel et distant de l'automatisation technique. Faire tourner le moteur par l'électricité au lieu de peiner pour obtenir de façon moindre le bénéfice souhaité, c'est consentir à tout le système largement impersonnel de la production et de la distribution de l'électricité et de la fabrication du moteur.

L'explosion des inventions techniques et leur omniprésence n'ont cependant pas que des effets heureux dans notre mode de vie. Il appartient à la communauté, dans ses instances politiques et autres, de prendre conscience des injustices et des oppressions ; mais aussi, et avec autant de vigilance, de la manière dont le système techno-économique tend à façonner les esprits, jusqu'à menacer l'homme dans son humanité même. L'influence la plus pernicieuse du système techno-économique consiste en effet à insidieusement imposer aux esprits la catégorie de l'utile comme critère majeur de jugement de valeur. Dans cette optique, est digne du souci et du soutien ce qui est utile. Or, par essence, la catégorie de l'utile appartient à l'ordre des nécessités déterminées par ce qui en l'homme est de l'ordre de la nature, la *physis*, la nature de la vie corporelle : se nourrir, se reposer, exercer ses muscles, se défendre contre les agressions de la nature et des autres, se reproduire. L'utile, c'est tout ce dont on « a besoin », au sens propre de ce mot. Cela implique qu'on « utilise » la nature et les autres et donc qu'on maîtrise son milieu naturel et la société travailleuse. À cet égard l'homme ne diffère des animaux que par la raison qui le rend conscient de sa fragilité, de son destin mortel, et par sa supériorité à pourvoir techniquement à ses besoins. Mais comme en principe il n'y a pas de limite à la sécurité, le besoin vital se transforme chez l'homme en passion de domination. Cette passion devient un puissant moteur dans l'exploration scientifique du corps et de la nature et dans l'organisation fonctionnelle de la vie et du milieu. Alors que dans le règne animal l'instinct comporte la clôture naturelle du vivant uni à son milieu, les besoins de l'homme mobilisent la pulsion d'emprise qui est par sa nature aussi illimitée que la raison qui la dirige. Nés de la vie, les besoins agrandis à la dimension des désirs tendent à envahir et à aliéner l'existence.

La catégorie de l'utile en arrive même à régner sur la manière de penser en tout domaine. Subrepticement elle s'est imposée comme concept clef dans les sciences de l'homme qui se voulaient « scientifiques ». Ainsi bien des psychologues, surtout américains, ont adopté la catégorie du « besoin » *(need)* pour désigner les motivations et les tendances humaines. Cette manière de penser peut prendre des tournures bouffonnes : l'amour devient le besoin d'aimer, la foi en Dieu le besoin de croire, le geste du pardon l'expression du besoin de pardonner, l'aveu de la faute le besoin de se culpabiliser… De prestigieuses écoles de sociologie, en particulier en France, ont également construit leur théorie explicative sur des idées dérivées du principe de l'efficacité. Elles ont même réussi pendant des décennies à imposer la tyrannie intellectuelle de leur raison « éclairée et scientifique ». Cela a été particulièrement sensible dans les recherches sur la religion. Ainsi, pour Durkheim comme pour Marx, la religion est un fait social exhaustivement explicable par les fonctions qu'elle remplit dans et pour la société, aussi longtemps qu'en progressant, la raison éclairée ne l'expulse pas de la culture. Elle n'est qu'une rémanence importante, qu'on espère provisoire, d'idées, de pratiques et de sentiments irrationnels et donc dissonants pour l'esprit de la modernité. Ce fonctionnalisme théorique de la sociologie correspond au psychologisme de la théorie psychologique des besoins. Relayée et amplifiée par les moyens modernes de communication et d'information, cette vision « scientifique » de la religion s'est instillée dans bien des esprits comme une seconde nature de l'homme quelque peu cultivé.

Toutefois, dans cette civilisation aspirée par le principe de l'efficacité, des dissonances se sont fait entendre qu'on ne peut plus qualifier d'irrationnelles, car, en donnant la voix aux malaises de la culture, elles expriment le souci éthique pour l'humanité de l'homme, dans la pratique et dans la réflexion théorique. Des formulations simples rassemblent et explicitent ces malaises : utile, mais à quoi ? efficace, mais en vue de quoi ?

Bien de ces malaises sont une sourde protestation contre l'aliénation de l'homme réduit à être avant tout une fonction impersonnelle dans l'ensemble des systèmes impersonnels. Plus le climat utilitariste a retiré sa substance à la vie de l'amour et de la foi religieuse, plus l'impersonnel ensemble public devient déprimant. La satisfaction des besoins ne répond pas au désir de bonheur. Le véritable plaisir, bonheur inchoatif, s'exprime précisément dans des activités et des expériences qui, comparées aux satisfactions des besoins, ont un caractère de gratuité. Ainsi le savoir-faire de l'artisanat et la jouissance du travail bien fait, donnent-ils plus de bonheur immédiat que le bénéfice gagné par la soumission à un système efficace mais distant et impersonnel. De manière analogue, la domination de l'efficacité économique sur l'organisation des villes et des paysages favorise l'accroissement des biens utiles, mais prive fortement l'homme des plaisirs chaleureux d'un lieu d'habitation et de rencontres. Citons encore l'exemple d'acharnements médicaux qui tuent le goût de la vie et détruisent l'intimité personnelle.

La tyrannie de l'efficacité rationnelle est aussi terrible que celle du plaisir, et aussi destructrice du bonheur, lorsque au-delà de la rationalisation de la vie pratique, elle établit son règne sur les esprits et sur les sentiments. Quelles qu'aient pu être les motivations intéressées des comportements religieux avant la modernité, l'omniprésence des signes, des symboles et des messages religieux haussait l'existence au-dessus des besoins. Avec une note de nostalgie romantique, le sociologue Max Weber, tout agnostique qu'il fût, a énoncé l'expression devenue célèbre : *Entzauberung der Welt*, traduit par « désenchantement ». Mieux que le français, le terme allemand dit que la vie a perdu son charme, presque au sens du sortilège poétique et religieux qui séduit l'esprit et le cœur.

J'aime accorder une valeur de vérité à l'énoncé de Max Weber, mais à condition qu'au désenchantement par la rationalité moderne, on ne donne pas la teneur d'une loi inexorable. Bien des courants profonds dans la pensée et dans les comportements privés et politiques des contemporains visent précisément à surmonter les effets néfastes de l'idéologie de l'efficacité ; cela dans la sphère du travail, de l'habitation, des relations sociales, de la médecine, des traitements de la nature, de la vie religieuse.

Phénomènes religieux hybrides.

La rationalité moderne a lentement mais très profondément modifié la situation culturelle de la religion chrétienne. À tous les défis critiques qu'ont analysés les chapitres précédents, elle a ajouté des manières de penser qui ont indirectement ou explicitement emporté l'humus humain où la religion plongeait ses racines. L'idéologie fonctionnaliste a pénétré bien des esprits comme une atmosphère de repli égoïste et sceptique. Avec l'attention portée à l'avenir et à ce que l'homme peut faire, l'ancienne conscience du devoir religieux s'est éteinte. Les motivations dans lesquelles les besoins humains se font prières de demande s'adressent maintenant à d'autres instances. On entend poser des questions, non plus à Dieu, comme chez les croyants lors des expériences cruciales, mais à « la religion » : à quoi est-elle encore utile ? Si elle n'est pas nécessaire, n'est-elle pas superflue ?

Mais au creux du vide religieux, la perception et le désir d'une autre dimension d'existence se font entendre. Bien des psychologues et sociologues, observant les essais pour sortir d'une sécularisation et d'un rationalisme utilitaires qui affadissent la vie, reconnaissent que la religion peut avoir des effets heureux sur l'homme. On rassemble les indices qui le prouvent : son influence bénéfique sur le bien-être psychologique, son pouvoir de donner une base à l'éducation morale et sociale, ses vertus thérapeutiques... Mais souvent, on ne sait pas bien se libérer de l'idéologie fonctionnaliste. On parle alors de la permanence respectable des besoins religieux et de l'importance des marges irrationnelles de l'existence et de la société.

Ils paraissent être assez nombreux ceux qui, dans des populations largement déchristianisées, cherchent à relier l'existence à quelque mystère sacré et à en faire l'expérience affective. On prend la voie des explorations ésotériques, par la lecture des textes des religions ou des sagesses orientales, et par des pratiques qui s'en inspirent. D'où la fascination pour le bouddhisme tibétain, pourtant étrangement mythologique. Dans le *New Age*, l'écologie et le mysticisme de la nature fusionnent. Des observateurs appellent hédonistes et subjectivistes toutes ces excursions dans des franges religieuses. En caractérisant ainsi ces phénomènes, on les mesure à l'aune soit de la pensée rationnelle, soit de la religion biblique. Pour pertinent que soit ce jugement, il pourrait être aveugle aux tentatives pour sortir de l'enfermement dans le rationnel objectif et utilitaire. Un cliché actuellement à la mode, emprunté au commerce, peut aussi faire manquer la vérité sociologique et psychologique des faits. Beaucoup de contemporains, dit-on, se promènent dans diverses religions comme dans un grand magasin, prenant à droite et à gauche ce qui convient au goût personnel du moment. Ne voit-on pas que, si la religion leur paraît un monde distant, révolu, trop impersonnel, ils règlent aussi leur compte aux absurdités d'une existence clôturée dans la raison sans profondeur de vie et sans ouverture sur un au-delà mystérieux ? Ceux qui courent ainsi les bois religieux pour y faire leur cueillette d'expériences et d'idées qui donnent sens à la vie, tournent en fait autour d'un mystère divin, incapables d'entendre dans le buisson ardent la voix de la Présence vive. Leur quête constitue le refus de la thèse énonçant l'inéluctable désenchantement du monde ; mais pour réellement sortir de la clôture qu'ils cherchent à ouvrir, ils devront découvrir l'Autre personnel dont la mémoire, préservée par la tradition, authentifie l'avènement.

Sécularisation et révolution démocratique.

L'État moderne s'est établi grâce à la « révolution démocratique », ce mouvement du peuple qui revendiquait ses droits politiques et qui refusait de continuer à être gouverné par un prince de droit divin. La révolution démocratique imposait donc le principe de l'ordre politique sécularisé au sens qui a été défini plus haut. Des autorités des différentes Églises ont condamné et combattu la conception « libérale » de la société, car pour elles la confession de foi implique la reconnaissance de la souveraineté de Dieu sur le monde, sur les autorités humaines et sur les normes morales de la vie publique. Pour la religion, les droits de l'homme dérivent des droits de Dieu. De ces principes, une grande partie des autorités ecclésiastiques, soutenues par bien des théologiens, déduisait que les responsables politiques sont obligés d'inscrire officiellement les droits de Dieu dans leur législation et dans les déclarations sur le fondement de l'autorité civile. L'État laïc ou « libéral » fut donc longtemps combattu par les Églises, à l'exception de certaines Églises locales, comme en Belgique où les évêques ont accepté, bien que sans enthousiasme, la séparation de l'Église et de l'État dès la constitution de celui-ci en 1830. Ces conflits avec les États libéraux et les condamnations des croyants « libéraux » ont lourdement pesé sur le christianisme.

Forcée d'accepter la révolution démocratique victorieuse, l'Église catholique a d'abord trouvé à s'accommoder de la situation en déclarant que, sans renoncer à la thèse théologique des droits de Dieu, « par hypothèse » il est légitime de reconnaître l'État de droit libéral comme « un moindre mal », entendons « la seule organisation politique efficace qui soit momentanément possible dans le monde moderne occidental ». Ce n'est qu'avec le concile Vatican II que l'Église catholique a pleinement reconnu la conception « libérale » de l'État de droit. Ce changement allait de pair avec la claire affirmation de la liberté religieuse. On sait qu'une fraction des catholiques, appelée « intégriste », a rejeté les décisions du concile Vatican II et a été exclue par les autorités de l'Église.

Certains événements des dernières années montrent que les religions, en particulier celles du monothéisme biblique, n'acceptent pas aisément l'État de droit libéral. Que l'on songe à la Russie orthodoxe, et surtout à l'islam. Autant que dans les autres domaines, sinon plus, le conflit entre la modernité et la religion éclate dans l'ordre politique et déchire les esprits et les instances responsables. Au vu de ces faits, il serait insensé de réduire les événements à des rivalités, à des questions de prestige et à des bêtises personnelles. À ceux qui se gaussent légèrement des étroitesses religieuses on peut rappeler la fascination d'intellectuels éclairés de l'Europe et d'ailleurs pour le marxisme. Ils ont transféré sur lui la vision biblique eschatologique d'un nouveau paradis de justice, de bonheur, d'humanité libérée des angoisses et des culpabilités. On était prêt à user des pires violences pour accéder à cette phase ultime de l'histoire. La religion biblique était l'ennemi par excellence de cette vision religieuse convertie en idéologie, car pour la foi biblique c'est Dieu qui est l'acteur de la dernière métamorphose de l'humanité et c'est lui le juge de l'histoire.

Plus doucement, certains sociologues ont promu l'idée de la « religion civile ». Leur thèse est que les fonctions sociales que les religions accomplissaient avant la modernité sont maintenant, en principe du moins, remplies par les institutions civiles. Ainsi c'est la raison qui fonde l'éthique de la communauté politique. Actuellement, c'est envers cette communauté que les citoyens sont responsables, non plus envers une divinité hors monde. L'intention morale n'est plus de mériter la récompense dans l'au-delà, dit-on, mais de collaborer à la société en vue du bien-être actuel de tous. Les symboles unificateurs sont comme une personnification de l'État qu'on entend servir avec fidélité.

Somme toute, la « religion civile » consiste dans l'affirmation de la dignité morale du service de la communauté humaine. La dénomination « religion civile » n'est que le symptôme du fonctionnalisme théorique qui a longtemps dominé l'explication sociologique de la religion, en France et dans les pays anglo-saxons. En vertu de cet *a priori* rationaliste, imposé au nom de la scientificité de la sociologie, on se donne le droit d'appeler religion ce qui unifie la société par l'éthique communautaire et par le dévouement à la communauté. De cette prémisse on déduit qu'avec la modernité une nouvelle religion s'est formée et que celle-ci représente le progrès de la raison éclairée. Le débat sur la définition de la religion est alors d'emblée fermé, car on impose la définition que postule une théorie explicative de la religion.

Plus ou moins sereinement académique, la confession de la religion civile ne perturbe pas la société. Lorsque pour des raisons passionnelles, psychologiquement encore plus mystérieuses que les extrêmes engagements religieux, cette confession devient une croisade révolutionnaire contre la religion, alors elle fait entrer dans le cycle infernal des ignorances réciproques, des soupçons et des guerres d'influence.

La qualification d'*Entzauberung* (désenchantement) est souvent pertinente en rapport à l'État sécularisé. Au monarque représentant l'autorité divine on substitue maintenant le symbole impersonnel de l'État. Le président, lui aussi, n'en est que le serviteur fidèle comme tout un chacun. Il est dès lors difficile de proposer une vision de la communauté humaine qui soit un facteur d'unification imaginative et affective. Après les visions rationalistes éclairées, les soucis fonctionnels n'élèvent pas facilement au-dessus de la quotidienneté et des intérêts. Aussi est-il rarement possible à l'État moderne de reproduire la théâtralisation festive que permettaient les références et les emblèmes de l'État de droit divin. Par le rappel de leur propre histoire et par la restauration de leurs emblèmes, les communautés politiques parviennent cependant plus ou moins à se poser comme une identité symbolique et culturelle et à donner une vie personnelle à leurs symboles. Le nationalisme culturel qui s'éveille ou qui se forme dans le monde moderne donne précisément à l'ordre politique le caractère d'enracinement et de personnalité historique qui corrige le système techno-économique impersonnel. Dans la mesure où le nationalisme est la conscience d'une identité culturelle, il est une valeur éthique ; de soi, il ne comporte pas plus de rejet de l'autre que la conscience qu'a l'individu de son ipséité personnelle.

Réflexions d'un croyant.

Deux visions unitaires, « libérale » et religieuse, se sont ainsi affrontées ici et là avec le pathos qu'insufflent aux combattants les grands mouvements où la vie profonde de l'existence s'engage.

En y réfléchissant en tant que croyant, en n'excusant ni condamnant à trop bon compte après coup, on se dit que, dans le rapport du christianisme au monde, la vérité de la foi ne s'est dégagée que très lentement. On aurait pu penser que l'affirmation de la liberté de la foi aurait plus aisément fait conclure à la nécessaire liberté religieuse, et que la reconnaissance thomiste de l'autonomie de la raison en son domaine propre aurait fait accepter l'autonomie rationnelle de l'ordre politique. Les faits historiques donnent à penser que la nostalgie religieuse d'une vision unitaire s'inspire plus volontiers de la théocratie biblique que du message de celui qui a enseigné de donner à César ce qui est à César, et à Dieu ce qui est de Dieu. Tirer toutes ses conséquences de la vérité chrétienne a demandé un considérable travail de mise en perspective de la révélation divine faisant irruption dans le monde, celui même que la création divine a pourtant posé dans son autonomie.

L'entrée décidée du christianisme dans la phase de la modernité politique a eu l'heureux effet de faire retrouver à nombre de chrétiens la véritable signification de l'éthique chrétienne. On leur enseigne maintenant le sens chrétien du respect des lois de l'État sécularisé et on les encourage à y assumer des responsabilités avec la conviction de foi qu'en servant cet État, ils servent aussi le Royaume de Dieu. On retrouve ainsi l'affirmation des droits de Dieu, mais comme vérité seconde, médiatisée par la vérité du monde reconnue.

La foi chrétienne ne s'épuise évidemment pas dans « la religion civile ». Le croyant est appelé à être vigilant pour que lui-même ne se laisse pas intérieurement capter par la sécularisation de la vie entière et pour qu'il contribue à sauvegarder, dans la société, les espaces d'intérêts et de plaisirs gratuits et d'ordre spirituel. Plus même, le croyant qui a compris le monde moderne, sait aussi que c'est par lui, et non pas seulement, ni nécessairement d'abord par l'institution ecclésiale, que passe la révélation du Royaume de Dieu.

CHAPITRE VII

LA RELIGION CHRÉTIENNE : UN DÉFI POUR LA RATIONALITÉ

Le problème : vérité philosophique - vérité chrétienne.

Revenons un moment au texte visionnaire que Husserl a écrit vers la fin de sa vie, en 1935, en des moments dramatiques. Il y a, dit-il, « … la fin *(telos)* innée de l'humanité européenne de par la naissance de la philosophie grecque… de vouloir une humanité sur la base de la raison philosophique et de ne pouvoir l'être que sur ce mode ». La philosophie à laquelle Husserl associe la science, se caractérise par la recherche de la vérité pour la vérité. L'orientation vers cette recherche détermine un type d'humanité. J'ai dit mon profond accord avec cette vue husserlienne sur l'esprit philosophique et sur son inscription dans l'identité européenne. L'invention grecque de l'esprit philosophique représente une mutation de l'humanité pensante. Lorsqu'elle est posée comme l'objet propre de la pensée, la vérité allume une série indéfinie de recherches. Selon la formulation classique de la philosophie, la vérité est un transcendantal : elle transcende ou dépasse toutes les connaissances et représentations que les hommes produisent au jour sans pouvoir saturer leur aspiration à la vérité.

De même, Husserl a probablement raison de dire que ce type d'humanité ne se maintient pas par une finalité automatique, comme l'est la téléonomie qui régit l'univers cosmologique et les vivants et qu'étudient les sciences.

Confié au souci des hommes, le *telos* de la vérité peut se dégrader et se perdre par l'indignité des hommes.

Le croyant qui appartient à cette humanité se pose la question suivante : l'entéléchie de l'esprit philosophique entre-t-elle, par une nécessité interne, en rivalité ou en harmonie avec la religion chrétienne ? Saint Augustin a pensé accomplir la finalité de l'esprit philosophique en se convertissant à ce qu'il appelait « la vraie philosophie », celle de Jésus-Christ. Sous sa plume cette expression n'était pas un coup de force rhétorique, car lui, pour qui la philosophie avait été la quête de la vérité, lui qui l'avait cherchée avec une profonde passion à travers bien des errances, il a trouvé la lumière qui l'apaisait en Jésus-Christ. Il pensait dès lors pouvoir donner le titre de vraie philosophie à l'enseignement de celui qui, selon l'évangile de saint Jean, avait solennellement déclaré : « Moi, je suis le Chemin et la Vérité... » (Jn 14, 6). Et pourtant, l'application de l'expression « la vraie philosophie » au message de Jésus-Christ nous gêne ; à moins de lui donner par le contexte le sens d'un énoncé paradoxal et qui provoque la réflexion. Selon notre esprit philosophique, dans ce raccourci Augustin saute par-dessus l'abîme creusé entre le chemin proprement philosophique et la voie ouverte par celui qui s'appelle « la Vérité ». Car pour la philosophie la vérité est une catégorie transcendantale de la pensée, non pas une réalité personnelle. Elle ne saurait pas dire « moi, *la* vérité ». Si un homme disait « moi, la vérité, je vous parle », cela relèverait soit de la paranoïa, soit de l'ironie plutôt cynique. Lorsqu'en philosophie on parle de *la* vérité, on vise une vérité qui est au-delà de toute vérité connue et même connaissable, une vérité que jamais on n'atteindra, ni en philosophie ni en aucune science, car le réel est précisément réel parce qu'il est inépuisable pour la recherche humaine. La vérité au sens absolu est donc un horizon eschatologique, comme l'est aussi *le* bonheur pour le désir de l'homme.

Lorsque l'évangéliste Jean met dans la bouche de Jésus la parole qu'historiquement il n'a pas dite : « moi, je suis la vérité », il explicite la signification des paroles de Jésus telles qu'il les a comprises après des années de méditation théologique au contact de la culture hellénistique. Pour le croyant qui partage l'esprit philosophique tel que nous l'avons caractérisé, cette parole de Jésus est vraie, car connaître Dieu c'est être dans la vérité qu'en tant que philosophe on cherchait vaguement et sans savoir où la trouver. Cette vérité-là n'est donc pas celle que la philosophie cherche intentionnellement, car l'esprit ne cherche que ce qu'il peut trouver. Or par elle-même la philosophie, toute à la recherche de la vérité qu'elle soit, n'est pas finalisée vers la vérité que révèle Jésus-Christ. Selon la foi, celle-ci est venue faire irruption dans l'horizon ouvert de la philosophie.

Cet horizon est de quelque manière religieux, mais le Dieu de la religion monothéiste et de Jésus-Christ ne s'y trouve pas. La première philosophie était religieuse, « théologique » selon Aristote. Ce sont en effet les puissances divines des cosmogonies mythologiques grecques qui se sont transformées en principes proprement philosophiques. Pour la philosophie grecque les récits de la religion sont donc comme une allégorie du monde. Le sens occulte des récits et rites religieux consisterait dans l'idée qu'une réalité supérieure, qui transcende tous les êtres concrets, attire l'esprit à rechercher *la* vérité et *la* beauté. Pour identifier cette vérité et cette beauté, on reprend encore à la religion les noms de « divin » ou de « dieu » ; mais ces termes ont perdu le sens qu'ils ont à l'intérieur d'un ensemble religieux. Pour penser la vérité de la religion la raison philosophique lui enlève ce qui n'est pour elle que le voile de figures religieuses. Elle conserve cependant ce qui conditionne la raison comme philosophique : la reconnaissance du divin comme constituant la dimension transcendantale de la vérité. Ainsi la philosophie se fait religieuse en convertissant la religion en religion philosophique.

La philosophie de Thomas d'Aquin ne cède évidemment pas à la tentation de transformer la religion en religion philosophique, car étant philosophie en État chrétien, elle distingue les deux ordres, naturel et surnaturel, celui de la raison et celui de la révélation. Comme je l'ai déjà dit, je pense que la philosophie thomiste concernant Dieu, autrement dit, que la « théologie naturelle », est l'œuvre de la raison qui, ayant reçu l'idée du Dieu personnel, Créateur et fin ultime, comprend *après coup* que cette idée est raisonnable. La transcendance de la raison philosophique est horizontale ; elle cherche à l'horizon du monde la vérité infinie qui demeure en retrait de la prise rationnelle. Toutefois, quand la raison philosophique entend le message biblique sur le Créateur, comme saint Augustin elle peut se dire : c'est ce Dieu que je cherchais, mais je ne le savais pas ; maintenant, après coup, je sais ce que je cherchais. Mais lorsque la philosophie veut mettre Dieu dans le prolongement de la vérité — ou du bien — que cherche l'esprit, alors cette philosophie transforme le Dieu du monothéisme en un divin anonyme.

Il y a donc un rapport ambigu entre, d'une part, la recherche de la vérité et du bonheur et, d'autre part, la foi religieuse. Nous l'observons chez bien des convertis. Un exemple pour clarifier mon exposé. Une étudiante indonésienne qui séjournait quelques semaines en Belgique, est allée voir à Bruges les célèbres tableaux de Memling. Elle était littéralement en extase devant ces toiles : le bleu des ciels de Memling la saisissait par une profondeur infinie qui avait pour elle le sens d'un mystère divin. Plus tard, plus instruite de la religion chrétienne, elle s'est convertie. Alors, après coup, elle a pu se dire que ce qu'elle avait perçu dans le mystère sacré d'un monde de profondeur infinie évoqué par Memling, c'était le Dieu saint de Jésus-Christ. Cette expérience s'accorde avec ce que nous donne à penser la réflexion critique sur la philosophie et avec ce qu'illustre l'histoire de celle-ci. La jeune Indonésienne avait vu une transcendance horizontale immanente au monde et qui demeurait pour elle un horizon ouvert. Dans cette ouverture est venu se poser le nom de Dieu et elle a compris qu'elle devait faire le pas de la foi vers ce Dieu.

Comparons cette démarche avec la métaphysique d'Aristote. Aristote connaît les dieux du polythéisme grec. Il comprend que, dans ces représentations mythologiques, se cachent les principes rationnels immanents au monde. Ces dieux font en effet partie du monde. Aristote consacre alors le premier livre de sa métaphysique à ce qu'il appelle « les théologiens ». Mais il voit aussi que les dieux des religions font signe vers un horizon de réalité plus ou moins transcendante, une réalité qui n'est pas simplement un principe immanent au monde, comme l'est par exemple la lumière ou la vie. Aristote voit que, dans son mouvement vers la vérité absolue, la raison s'oriente vers cette réalité. Celle-ci n'est pas un être individuel du monde. C'est cependant une réalité qui exerce son influence sur tout ce qui bouge : l'homme qui désire le bonheur, la raison qui aspire à la connaissance de la vérité, l'être vivant qui tend vers l'existence durable… La raison, qui veut comprendre ce mouvement partout présent, orienté vers la perfection, ne peut cependant pas sortir du monde. À la limite du monde, Aristote place donc l'être qui en fait partie, qui n'est plus simplement un être du monde, mais qui commande tout. Au pôle d'attraction qui fonctionne comme dynamisme à l'intérieur du système du monde, il donne le nom religieux de « dieu ».

Qu'est-ce qu'une religion ?

En parlant du Dieu de la métaphysique, Heidegger fait cette belle observation : « À ce Dieu, l'homme ne peut ni adresser la prière, ni lui offrir des sacrifices. Devant la *causa sui*, l'homme ne peut ni tomber à genoux dans la crainte religieuse, ni jouer de la musique et danser devant ce Dieu »[1]. En disant cela, Heidegger pensait à la métaphysique chrétienne ; il visait en particulier le système métaphysique de Leibnitz qui donnait de Dieu la définition suivante : *Causa sui*, cause de soi-même. Dieu qui est la cause créatrice et la cause finale du monde ne peut pas être lui-même causé.

1. *Identität und Differenz*, Pfüllingen, Neske, 1957, p. 70 (ma traduction).

Donc, dans le langage métaphysique, qui est le langage de celui qui monte à Dieu par l'échelle conceptuelle du principe de la causalité, le Dieu non causé se cause lui-même.

Qu'est-ce alors que le Dieu de la religion ? Heidegger nomme quelques expressions religieuses : prier, offrir le sacrifice, chanter et danser. Freud, qui était profondément méfiant envers les systèmes métaphysiques, voulait, lui aussi, donner un contenu au mot « Dieu » en se référant à la religion, à ses rites et à ses croyances. Il y a une énigme de la religion pour lui, car elle est le phénomène culturel le plus complexe qui soit ; il ne faut donc pas espérer pouvoir l'expliquer par un des facteurs seulement qui la composent. Et Freud poursuit : elle présente une doctrine sur le monde et sur l'existence humaine ; elle donne des prescriptions éthiques ; elle remplit une fonction de « consolation » en rapport aux désirs de l'homme. La religion, dit Freud, est seule à pouvoir combiner ces trois fonctions. On ne peut donc la réduire ni à une vision du monde *(Weltanschauung)*, ni à un système de morale, ni à des expériences affectives correspondant aux désirs. En regardant attentivement la religion et en essayant de l'expliquer, Freud l'athée voit donc bien que la religion, et seule la religion, englobe la personne tout entière : la raison qui cherche la vérité du monde et le sens de l'existence, le désir qui tend vers le bonheur, la volonté responsable qui doit s'appuyer sur des normes éthiques. Notons que le monothéisme biblique affirme le même caractère englobant. On s'en rend compte en écoutant le premier « commandement » de Jahvé, celui que Jésus-Christ reprendra pour définir l'essentiel de sa religion : « tu aimeras le Seigneur ton Dieu de tout ton cœur, de toute ton âme, de tout ton esprit et de toute ta force » (Mc 12, 29-30). À la différence de Freud, la Bible ne parle évidemment pas du point de vue de la science anthropologique ; elle laisse parler Dieu lui-même, parce que pour elle c'est Dieu qui convoque l'homme pour une relation personnelle avec lui et c'est Dieu qui insiste sur la nature englobante de cette relation.

Pour Freud, l'énigme de la nature englobante de la religion ne peut pas se comprendre sur la base de l'explication métaphysique du monde. Il faut considérer la nature même de la représentation du Dieu de la religion. Or, la clef de la religion se trouve pour Freud dans la figure paternelle que l'humanité a finalement reconnue à l'être divin. Cette figure s'est progressivement imposée à l'humanité et elle a atteint toute sa signification spirituelle et religieuse dans le Dieu du monothéisme des prophètes. À son tour la référence religieuse à ce Dieu a eu une profonde influence sur la spiritualisation de l'humanité. Ayant ainsi défini la figure de Dieu, sur la base des documents historiques, Freud essaie ensuite de reconstruire théoriquement la figure paternelle de ce Dieu en suivant plusieurs voies. Je n'entrerai pas dans l'analyse des théories freudiennes de la religion [1], car ce qui seul importait pour mon propos, c'était de mettre Freud en contraste avec la philosophie religieuse qui fait de la religion une religion philosophique.

Freud était un fervent adhérent du rationalisme des Lumières. Mais il n'a jamais interprété les religions de la manière simpliste des déistes du XVIIIe siècle : l'Anglais lord Herbert ou les Français Voltaire et Diderot. Les déistes anglais ont créé le terme « déisme » en le dérivant de *deus* (dieu), pour opposer leur religion au théisme chrétien. Les déistes considèrent les prières, les rites, les miracles, les dogmes, etc., comme des superstitions et des pratiques magiques, autoritairement imposées ou maintenues. Toutes les religions sont pour eux des superstructures construites sur la religion de l'origine. Celle-ci avait universellement la même idée d'une divinité unique. Selon les déistes cette idée était innée dans l'esprit de l'homme. Le seul culte digne de la raison et de la divinité est le culte du comportement moral. Ce que donnent à voir les différentes religions au

1. Je peux référer le lecteur aux études que j'ai moi-même consacrées à cette question : *Religion, foi, incroyance. Étude psychologique*, Bruxelles, Mardaga, 1983, surtout p. 35-101, 197-211 ; *Psychanalyse. L'homme et ses destins*, Louvain-Paris, Peeters, 1993, p. 311-328.

cours de l'histoire sont des perversions de la religion authentique de l'origine. Pour les déistes, l'histoire religieuse est le produit d'un péché originel qui a corrompu la religion simple et naturelle du Dieu unique dont l'idée faisait partie de la nature humaine. Les Églises, toutes les autorités et organisations religieuses et tous les rites des religions auraient maintenu cette corruption. Les premiers déistes conservent encore l'idée de l'immortalité de l'âme et d'un jugement après la mort. Avec le temps, la plupart ont abandonné ces croyances, et même celle en un Dieu personnel. Reste alors un principe divin dans le cosmos. Ce déisme opère donc une transition du monothéisme vers l'athéisme en faisant le détour par une molle philosophie de la religion.

En voilà assez pour situer la conception déiste. Elle eut une grande influence sur des rationalistes qui avaient un certain sens du mystère, ou du moins de l'énigme de l'existence et du monde. Un certain déisme reste toujours présent dans l'esprit de nombreux intellectuels critiques qui apprécient ce qu'ils appellent souvent « les sentiments religieux », mais qui sont hostiles à toute religion constituée. Parfois on résume cette attitude en disant : « Je pense que Dieu existe ; mais je ne crois pas en un Dieu personnel. » Quand on compare le déisme avec les conceptions de Freud, on est frappé de ce que Freud, tout en se déclarant athée convaincu, met vivement en lumière l'historicité de la civilisation et la fonction que la religion, en particulier le monothéisme biblique, a remplie dans le progrès de la spiritualisation. Freud perçoit très bien que le mystère du monothéisme biblique consiste dans la polarisation de la religion sur la figure d'un Dieu défini par la paternité. C'est en cela que, selon lui, le monothéisme se sépare des religions naturelles et qu'il les transcende. Cette vision contraste avec la philosophie aussi banale que solennellement rationaliste des déistes anglais et français. Freud s'en moquait dans une lettre à Marie Bonaparte (19 mars 1928) : « On court le risque de surestimer la fréquence de l'absence de sentiments religieux chez les intellectuels. Je m'en convaincs en ce moment même en observant les réactions à mon *Illusion* [*L'avenir d'une illusion*, ouvrage de 1927 sur la religion comme nostalgie du père]. Cela provient de tous les breuvages qu'on nous offre sous le nom de "religion", et qui contiennent un pourcentage infime d'alcool — si ce n'est pas d'alcool du tout — mais les gens s'en soûlent quand même. Les vieux buveurs étaient après tout une confrérie respectable, mais s'enivrer avec du jus de pomme est réellement ridicule. »

La philosophie de la religion devant le fait chrétien.

La révélation divine vient du dehors et, sur les questions ultimes qui préoccupent la raison philosophique, elle parle avec une autorité qu'elle affirme avoir en elle-même et par elle-même. Elle ne pouvait donc que gêner la pensée philosophique qui a pleinement assumé son autonomie et qui, du même coup, a pris conscience de ses limites internes, en particulier de son incapacité d'atteindre par elle-même le Dieu vivant et personnel dont lui parle la religion biblique. Tout en distinguant en principe les vérités naturelles et surnaturelles, Thomas d'Aquin était resté ambigu en ce qui concerne les questions ultimes. Avec la modernité, les sciences ont imposé l'idée d'un cosmos fermé et la philosophie, ayant acquis plus de lucidité réflexive sur elle-même, est devenue plus critique envers les conceptions, religieuses et autres, qu'ont les hommes sur l'existence et sur le monde. La raison philosophique n'est donc plus prédisposée à reconnaître une vérité révélée à laquelle de par sa nature elle n'est pas congruente. La philosophie comme telle ne peut évidemment pas accueillir une vérité qui échappe à l'ordre de la logique de la rationalité. Mais pourquoi ne pourrait-elle pas discerner le message chrétien et convenir qu'il peut venir se poser dans l'horizon laissé ouvert par le questionnement philosophique ? Apparemment c'est là déjà une demi-reconnaissance qui reste difficile pour la raison moderne trop sûre d'elle-même.

En raison de cette ambivalence de la raison moderne envers la religion chrétienne, Jésus-Christ a représenté un défi pour bien des philosophes. Les débats que j'ai évoqués sur les miracles, les possessions et les exorcismes ne concernent encore que des questions secondaires. Ils ont cependant manifesté et intensifié les attitudes fondamentales qui opposaient les tenants de la raison moderne et bien des porte-parole autorisés de la tradition chrétienne. Ces derniers croyaient repérer dans les faits interprétés comme surnaturels, les indiscutables manifestations de la puissance divine et de l'action salutaire de Dieu par Jésus-Christ. L'esprit scientifique et philosophiquement critique n'y voit naturellement que des énigmes comme en sont pleins la nature et l'être humain. Dans cette perspective, la personnalité de Jésus-Christ prend une importance essentielle pour les penseurs qui partagent encore les valeurs fondamentales de la civilisation occidentale. En effet, la personne et le message de Jésus-Christ sont au centre de cette civilisation. Aussi la question à laquelle les plus grands philosophes de la modernité essayent de répondre est de savoir si la vérité de Jésus-Christ peut se ramener à la vérité de la raison philosophique.

Les grands philosophes allemands de l'*Aufklärung* (des Lumières) et du courant idéaliste (Fichte, Schelling, Hegel) ont, comme plus tard Freud, sérieusement considéré ce que la religion a signifié pour la civilisation et pour la raison philosophique. Ils avaient une conscience aiguë de l'historicité de la civilisation et de la religion, et leur philosophie est, pour une part très importante, le projet de comprendre le caractère historique de l'humanité. C'est là une caractéristique majeure de la modernité. Les Grecs et les philosophes scolastiques n'avaient pas encore une conception historique ni de l'humanité, ni du monde. En théologie, on pouvait affirmer l'histoire de la chute et de la restauration. Mais le philosophe ne voyait pas encore l'humanité animée par une secrète puissance qui lui fait accomplir une réelle histoire. Ce n'est qu'aux Temps modernes que se forme l'idée d'une humanité qui se transforme pour effectuer plus pleinement son humanité par la recherche de la vérité, par l'exploration scientifique, par la maîtrise technologique du monde, éventuellement par le perfectionnement des mœurs et par la spiritualisation de la religion. La nouvelle philosophie de l'idéalisme allemand intègre donc, dans l'existence et dans la culture, une dimension qui peut se comparer à la vision biblique d'une histoire du salut. Cette vision historique de l'homme et même du monde a pénétré toutes les sciences. Elle a, par exemple, rendu possible, après de longs tâtonnements, la théorie de l'évolution et celle de l'histoire cosmologique. L'invention du concept de l'histoire du cosmos et de la vie, ainsi que celle de l'historicité de l'humanité, représentaient une grande révolution dans la pensée.

La nouvelle philosophie qui développe la conscience de l'historicité, n'est plus métaphysique. Elle ne s'attache pas à expliquer le cosmos par des principes qui viennent après *(meta)* la physique. Elle pense essentiellement l'homme et le sens de son histoire. Dans cette optique, une nouvelle question se pose et qui est capitale pour le rapport entre la modernité et la foi chrétienne : quelle place la raison peut-elle donner à Jésus-Christ dans l'histoire de l'homme, de la civilisation et de la religion ?

Essayons de bien voir la nouveauté de l'intérêt philosophique et du regard philosophique sur la religion. Aristote était parti des représentations mythologiques qui personnifient plus ou moins les puissances de la nature. De ces représentations, il dégageait des principes rationnels. La méta-physique propose alors un système totalisé du cosmos dans lequel « dieu » fonctionne comme le principe unifiant. Dans les Temps modernes, la raison critique et réflexive, dans laquelle la *Critique de la raison pure* de Kant a été décisive, fait abandonner le type métaphysique de pensée pour lequel la « théologie naturelle » est le couronnement de la physique. En plus des critiques des preuves de l'existence et de la nature de Dieu, la nouvelle prise de conscience que le monde du vivant et de la civilisation est fondamentalement une réalité en devenir pousse la grande philosophie à chercher à élucider le sens et le principe de ce devenir. La philosophie se fait pour une part importante philosophie du temps et de l'histoire. Une œuvre ontologique majeure de notre temps porte d'ailleurs le titre significatif : *Sein und Zeit* (L'Être et le Temps). La cosmologie s'est progressivement intégrée dans cette vision historique. Comparé à la grande philosophie qui s'attache à cette problématique, le déisme n'est, pour reprendre la métaphore de Freud, qu'un jus de pomme à côté d'un grand vin.

Comment cette nouvelle pensée, qui n'est plus la métaphysique ou la théologie naturelle des scolastiques, va-t-elle expliquer le monothéisme qui prétend être révélé par Dieu ? Et comment interprétera-t-elle Jésus-Christ ? Est-ce que la raison philosophique voudra et pourra réintégrer Jésus-Christ à l'intérieur du système d'un monde en devenir ? Ce sont les questions qui nous intéressent au point où nous sommes parvenus dans nos analyses.

La figure de Jésus-Christ et celle du Christ de la religion ont fasciné et intrigué nombre de philosophes des Temps modernes : Rousseau, Lessing, Kant, Fichte, Schelling, Hegel, et plus près de nous, Bergson, Gabriel Marcel, Simone Weil, Edith Stein, Karl Jaspers, Karl Löwith, Wittgenstein. Plusieurs d'entre eux se sont convertis. Très généralement, on reconnaît en Jésus-Christ une haute figure spirituelle, mystérieuse par sa simple pureté. On voit qu'il est profondément intégré dans la grande ligne du monothéisme prophétique ; également qu'il semble bien en être l'accomplissement. Son comportement et ses paroles frappent aussi parce que Jésus n'est apparemment pas un homme religieux au sens des religions rituelles. Il est d'ailleurs un laïc et ne semble pas beaucoup pratiquer les rites de son milieu culturel-religieux. Mais il enseigne de toujours prier. Il rejette simplement, de manière révolutionnaire, tout ce qui a trait au binôme pur-impur. Il parle à tous les hommes et pour tous, quelle que soit leur existence concrète de travail et de fonction sociale et il ne songe pas à encourager ses disciples à se retirer du monde, comme l'a fait Bouddha. Jésus-Christ a donc tout pour retenir l'attention de la raison philosophique. Mais sait-elle le comprendre ?

J'évoque deux exemples de la grande pensée rationaliste, car ils sont instructifs [1].

D'abord le plus caractéristique : Gotthold Lessing. Cet homme cultivé et auteur influent écrit en 1780 un petit ouvrage, *L'Éducation du genre humain*. Après une période de rationalisme agressif, Lessing accepte la révélation divine comme source de la religion. Elle est l'éducation que petit à petit Dieu a faite de l'humanité pour qu'elle parvienne à l'idée du Dieu unique. Mais cette intervention divine n'était pas vraiment nécessaire, car des individus exceptionnels sont parvenus à la religion monothéiste par les moyens de leur seule raison. Sur ce point saint Thomas n'aurait sans doute pas contredit Lessing ! L'histoire religieuse est donc une histoire d'éducation. Jésus en est le grand Maître, le *Lehrer* (l'enseignant et l'éducateur) par excellence (paragr. 61). Par ses paroles et par son comportement conforme à sa doctrine, il a recommandé la pureté intérieure, celle du cœur, en vue de la vie future de l'âme immortelle. Toutefois, dans une religion devenue raisonnable et naturelle, l'admirable maître qu'a été Jésus n'est maintenant plus qu'un souvenir. Le chrétien des Temps modernes est un adulte qui se souvient avec reconnaissance de son pédagogue.

Indéniablement, la théologie de Lessing est bien celle de la raison éclairée. De la raison, car pour Lessing ce que Jésus a enseigné, non seulement est la conception la plus rationnelle, elle est aussi celle qui n'implique rien d'autre que la vérité dont la raison est capable par elle-même. Pour Lessing, Jésus est donc comme un Socrate, mais envoyé par Dieu, qui aide la raison à accoucher de sa propre vérité. Lessing aurait pu reprendre la formule d'Érasme, mais sans son humour : « Saint Socrate, priez pour nous. » Cependant,

1. Pour une étude complète et approfondie sur le sujet, voir X. Tilliette, *Le Christ des philosophes. Du Maître de sagesse au divin Témoin*, Namur, Culture et vérité, 1993.

on doute que la raison éclairée prie encore. Elle sait et ce qu'elle fait, c'est orienter l'homme vers la pureté morale.

Somme toute, la théologie de Lessing n'est pas très différente de celle de bien des intellectuels de notre temps qui réinterprètent rationnellement la religion chrétienne de leur éducation. Il arrive d'ailleurs que, dans leur théologie de la raison éclairée, ils se trouvent encouragés par des prédicateurs qui n'ont pourtant pas lu Lessing.

Plus connu que Lessing, mais probablement moins lu, est le livre de Kant publié en 1793, *La Religion dans les limites de la simple raison (blosse Vernunft)*. Le titre dit avec rigueur le projet de Kant : étudier objectivement la religion en prenant le point de vue de la seule raison, sous-entendu en excluant le point de vue de celui qui croit en une révélation divine ou en l'autorité d'une antique tradition. Ce livre constitue sans doute la première véritable philosophie de la religion, celle qui prend pour objet la religion comme ensemble anthropologique observable. La comparaison avec les approches et points de vue précédents fait ressortir la nouveauté du projet de Kant, caractéristique de la modernité. Aristote faisait confiance à la vérité de l'idée du divin ; il estimait apparemment que les religions, tout en la proposant, ont obscurci cette idée et il la clarifiait en lui donnant sa place et sa fonction dans le système rationnel du monde. De manière analogue, Thomas d'Aquin examinait la teneur rationnelle de l'affirmation du Dieu de la religion biblique et il traçait les différentes voies de l'explication métaphysique du monde qui conduiraient à l'affirmation de Dieu. Kant se place au point de vue des hommes religieux, en particulier des chrétiens ; il examine ce qui, dans leurs croyances et pratiques, correspond à la raison ; autrement dit, ce qui peut prendre place à l'intérieur du territoire dont la raison seule définit les frontières.

Mais quelle est cette raison ? Et ce qui est en dehors de « la simple raison », est-ce déraisonnable, contraire à la raison ? Ou ne pourrait-ce pas être autre que la simple raison, appartenant à un ordre de vérité différent de celui de la raison théorique ? Est-ce que le désir de bonheur, la relation d'amour, l'extase mystique, la jouissance esthétique, sont contraires à la raison, parce que ce sont des phénomènes humains qui débordent les limites de la simple raison ? Ce sont là des questions essentielles sur lesquelles la philosophie du XXe siècle, travaillera intensément, en particulier la philosophie de l'existence qui a repris et poursuivi la philosophie phénoménologique.

L'œuvre de Kant représente la conception du grand rationaliste qui, tout en respectant la foi en Dieu, donne à la simple raison le magistère sur les représentations et les pratiques religieuses. La seule raison théorique décide légitimement de ce qui est valable ou non. Elle s'érige en juge suprême de la vérité et elle ne se laisse pas instruire par une réalité divine venant d'au-delà des limites de la simple raison.

Les données de la religion auxquelles Kant assigne un lieu dans le contour tracé par la simple raison se résument dans la thèse essentielle et plutôt simple de ce livre complexe. Le Christ apprend à l'homme la pureté spirituelle de l'intention morale. Or la beauté et la sainteté de la loi morale sont une manifestation de Dieu qui, lui, demeure caché. Comme Kant l'expose plus longuement dans sa philosophie morale, *Critique de la raison pratique*, en l'homme le désir de bonheur s'allie à l'intention spirituellement morale. Mais en ce monde-ci la pratique de la vertu morale ne donne pas le bonheur complet auquel l'homme aspire. L'alliance entre l'intention de pureté morale et le désir de bonheur se fait donc espérance et celle-ci tend à l'accomplissement du désir au-delà de ce monde, en Dieu. Ce Dieu est celui du monothéisme ; mais de ce Dieu il n'y a pas d'autre connaissance que celle de l'espérance raisonnable, puisque la philosophie kantienne de la religion ne considère pas la possibilité d'une auto-révélation divine. Pour la raison, le Christ ne peut être qu'un modèle éthique associé à l'espérance religieuse. Kant reconnaît que le Christ est une personnalité historique. À cette personne réelle il attribue effectivement la fonction de représenter le plus haut modèle éthique. Kant entend même fournir une interprétation rationnelle de la doctrine chrétienne sur Jésus, le Christ et le Fils de Dieu, personne humaine et divine. Selon Kant, le Christ comme personne historique, est la figure empirique d'un archétype éternel, celui de l'homme moralement parfait. Parce qu'il est la figure empirique de cet archétype éternel, le Christ historique est le maître divino-humain de l'éthique parfaite. Cependant, l'homme devenu adulte n'a plus besoin qu'on lui donne ses normes éthiques ; la conscience morale a acquis son autonomie, avons-nous entendu. Notons que le concept d'archétype n'a pas ici un sens psychologique comme chez Jung, mais un sens rationnel ; cet archétype peut se comparer aux « idées » de Platon.

Quelques réflexions pour conclure.

Ce chapitre avait comme intitulé « La religion chrétienne, un défi pour la rationalité ». J'ai pris la philosophie comme témoin privilégié de la rationalité moderne, et j'ai voulu voir comment la philosophie, devenue plus strictement œuvre de la raison, peut comprendre une religion qui se réclame de Jésus-Christ, homme-Dieu, médiateur envoyé par Dieu.

Comme on pouvait s'y attendre, le nom de Dieu, centre de la religion monothéiste, a un sens pour la philosophie moderne. Celle-ci ne pouvait pas être indifférente envers ce que le nom de Dieu représente pour une raison qui se pose les questions de l'origine et de la finalité du monde et de l'homme. La nouvelle conscience de la dimension historique de l'humanité et de la religion devait aussi inciter la philosophie à s'interroger sur Jésus-Christ, fondateur et figure exemplaire de la religion chrétienne.

Nous avons vu la rationalité développer deux directions d'interprétation. Dans la première ligne d'interprétation, on reprend l'idée biblique du Dieu unique et personnel, on la conçoit comme un concept philosophique en la détachant du contexte de l'Alliance avec le peuple élu. À Jésus, on reconnaît la fonction d'avoir enseigné la vérité sur le divin.

Mais cette vérité n'est au fond que celle de la raison elle-même. Dans la seconde ligne d'interprétation, Jésus-Christ est le maître et le témoin de la moralité la plus spirituelle. Pour Kant il est cela en tant qu'il est la figure historique-empirique de l'archétype humano-divin. Mais, toujours pour Kant, l'homme religieux peut dès lors se passer de la personnalité historique de Jésus.

La rationalité moderne a donc une tendance tenace à s'incorporer la religion chrétienne et la personnalité historique de Jésus-Christ. Ce qui, selon la religion chrétienne, est un événement — la nouvelle relation instituée entre Dieu et l'homme, donc une donnée historique et contingente —, se trouve ramené par la raison à ce qui est pour elle une nécessité de nature et une essence non historique. Elle réintègre ainsi l'Autre en elle-même, et l'événement dans le même intemporel.

Je pense que c'est également ce que fera Hegel, tout en se séparant de Kant. Hegel qui avait intensément étudié la théologie chrétienne, a été saisi, dans la dernière partie de son immense œuvre spéculative, par le sens de la passion et de la résurrection de Jésus et par l'envoi de l'Esprit Saint. Or, il mettra précisément cette séquence événementielle au fondement du déploiement de la raison conceptuelle. De là sa célèbre formule : le vendredi saint spéculatif. Indéniablement, dans toutes ses activités scientifiques et philosophiques, la raison moderne tend à poser et à penser le monde comme fermé, comme une totalité façonnée par des principes que détermine la seule raison.

On observe les mêmes confusions dans les sciences humaines qui prendront la religion pour objet : l'histoire, la sociologie, la psychologie de la religion. La formulation « de la religion » indique clairement qu'on pose sur la religion le regard du sociologue, du psychologue, de l'historien. On le fait avec la compétence spécifique et limitée de ces disciplines et on relève, on interprète, éventuellement on explique ce qui est psychologique ou sociologique dans la religion. Mais la confusion est grande dans ces disciplines. Bien des auteurs, parfois plus étroitement rationalistes que Kant, ont pensé qu'ils pouvaient expliquer la religion. Ils observent ce qui déborde les limites de la simple raison, et ils croient avoir la compétence pour en donner l'explication que la philosophie attendrait d'eux.

N'est-ce pas la formulation de la philosophie de « la raison éclairée » que de nos jours nous entendons régulièrement dans des discours d'incroyants et de mi-croyants sur le christianisme ? L'essentiel y serait son éthique, surtout de charité. Souvent, on admet aussi le nom de Dieu et on reconnaît sa fonction dans l'humanisme éthique. Mais, dans ce cas, on ramène la religion elle-même à une philosophie religieuse qu'on distingue des philosophies laïques ou humanistes.

Face à la rationalité moderne, la religion ne peut que prendre conscience de la foncière ambivalence de la raison devant la foi chrétienne. Il s'agit donc, pour le chrétien, d'ouvrir la raison sans la détruire. J'aime citer comme exemple d'une telle démarche l'œuvre du philosophe Henri Bergson (1859-1941), qui avait commencé par confesser un rationalisme matérialiste. Toutefois, ayant étudié philosophiquement la religion et la morale, il s'attache au christianisme en raison de ses mystiques et de Jésus-Christ. L'histoire du cosmos et celle de la civilisation montrent, selon Bergson, une incessante création de nouveauté imprévisible. Mais, écrit-il, le Sermon sur la montagne est véritablement l'inouï et l'inimaginable nouveauté. Chez les mystiques comme Thérèse d'Avila et Jean de la Croix, elle crée l'état indéfinissable qu'est la joie dans un sens qui n'est pas celui ordinaire du mot. Imprévisible, nouveauté, inouïe, indéfinissable, la raison philosophique rencontre ici ce qui, dans le monde, ne vient pas du monde. D'après moi, Bergson a saisi ici ce qui est essentiel et original dans l'efficience historique de Jésus-Christ. Il ne l'a désigné ni dans l'éthique, ni dans le rite, mais dans la mystique chrétienne. Bergson l'a découvert après avoir essayé d'aller aussi loin que possible avec la raison autonome. La longueur du chemin qu'il a parcouru montre qu'entre la raison moderne et la religion chrétienne il n'y a pas de simple corrélation.

CHAPITRE VIII

L'ÉNIGME DE L'ORIGINE DE LA RELIGION CHRÉTIENNE

En marge du travail d'interprétation philosophique qu'elle a fait, la raison critique s'est aussi occupée de comprendre et expliquer rationnellement la religion chrétienne. Des études philologiques, historiques et psychologiques s'y sont attachées. Ces études ont souvent pris la même optique que la philosophie « éclairée » et elles lui ont fourni des compléments. C'est cette alliance que je voudrais considérer maintenant ; car, en même temps que la réinterprétation philosophique, ces études ont secoué, directement ou indirectement, l'héritage chrétien. Cependant, elles ont aussi aidé les croyants à retrouver leur identité chrétienne de manière différente et, je crois, plus juste. Ce chapitre fera donc une transition avec ce que je voudrais développer plus loin.

L'événement : une particularité historique.

La rationalité critique des Temps modernes n'a pas été *a priori* hostile et méprisante envers la religion. J'espère l'avoir fait sentir. J'aurais pu citer encore d'autres grands penseurs : Cassirer, Jaspers, Husserl... Le mépris ne se rencontre que dans le petit rationalisme polémique. La rationalité critique veut comprendre la religion qui a toujours été une part très importante de la culture vivante. Le mot

« critique » indique que, pour comprendre, on essaie de distinguer ce qui est essentiel et ce qui n'est que formation secondaire. Cette démarche se retrouve d'ailleurs dans la théologie. Même à l'intérieur d'une commune conviction de foi, les manières de saisir le même contenu varient avec le contexte culturel. Ainsi les représentations de Jésus à travers les âges impressionnent par leur étonnante diversité. Les différences ne sont pas seulement dues aux changements de styles, elles correspondent également à des changements dans la sensibilité et dans la piété chrétiennes, et représentent donc des changements d'accents théologiques. Songeons à la différence entre le Christ Pantocrator de Daphné près d'Athènes, le Christ Bon Pasteur des catacombes, le Christ souffrant sur la croix des sculptures gothiques, le Christ Hercule divin de Rubens, le Christ de la piété humblement contemplative de Rembrandt…

La raison cherche ce qui est essentiel et universel dans ce qu'elle considère. Quand il s'agit des réalités humaines, c'est surtout la philosophie qui remplit cette fonction critique. En s'appliquant à la religion chrétienne, la raison philosophique s'attache donc normalement à la personnalité de celui qui en est le centre, Jésus-Christ, et elle essaie de dire ce qui lui paraît essentiel et universel dans cette figure. La philosophie a évidemment fait cette œuvre de son point de vue : celui de la raison qui s'installe résolument à l'intérieur du monde de l'homme et de l'histoire humaine. Dans cette perspective, elle a vu en Jésus celui qui enseigne l'idée du Dieu unique à laquelle la raison peut consentir. Elle a aussi reconnu en lui celui qui enseigne l'éthique que la raison peut accepter comme l'éthique de l'univers de la rationalité, l'éthique universelle du respect de la personne humaine.

Le regard philosophique sur la religion chrétienne tend naturellement à être très sélectif. Bergson, entre autres, en a pris conscience et l'a montré. Bien entendu, on ne souhaite pas que la philosophie se mue en théologie. On lui demande cependant d'être objective dans l'observation des données dont elle veut rendre compte. Si elle inclut l'interprétation du christianisme dans sa philosophie de la religion, on s'attend à ce qu'elle prenne en compte ce que les textes fondateurs et les expressions et symboles de la pratique donnent à entendre et à voir, en un mot, qu'elle ait égard à l'identité chrétienne telle que les historiens et les sociologues peuvent l'observer et la décrire. Or, ce qui est indéniablement essentiel dans l'identité chrétienne, c'est la conviction qu'en la personne de Jésus-Christ, messager divin, crucifié et divinement ressuscité et exalté, Dieu est entré dans l'univers historique des hommes et qu'Il est personnellement présent à l'homme et en l'homme qui croit en Jésus-Christ. La pratique chrétienne a précisément pour sens de rendre effective la foi que confesse le croyant.

C'est manquer le problème que de prétendre ramener la religion à l'intérieur des limites de la raison, et décider de se borner à reprendre sélectivement dans la figure de Jésus-Christ ce qui convient au parti-pris de la raison. Il faudrait en outre essayer d'expliquer comment les croyants en sont arrivés à interpréter Jésus comme le Christ, Fils de Dieu, à construire leur théologie dogmatique et à élaborer leur pratique spécifique. Or, c'est effectivement ce que les sciences de la religion se sont efforcées de faire. D'une part, on s'est attaché à démontrer qu'un abîme sépare la personnalité historique de Jésus et la dogmatique et la liturgie chrétiennes ; d'autre part, on s'est astreint à expliquer autant que faire se peut la religion chrétienne comme une œuvre produite par des hommes. Il y a donc deux aspects à l'examen critique de la religion chrétienne. On met en contraste l'un avec l'autre, le Christ de la religion chrétienne et le Jésus qu'on pense être celui de l'histoire. Tout en faisant ce travail, on essaye de désigner les facteurs humains qui expliqueraient la formation du christianisme. Le point de départ est en tout cas l'affirmation de la distance qui sépare Jésus de Nazareth et le Christ de la théologie et de la piété.

Cette distance est indéniable. On avait trop exclusivement insisté sur la divinité de Jésus-Christ. Cette suraccentuation de la nature divine de Jésus de Nazareth s'explique par l'histoire de l'Église et par la psychologie humaine. Je le montrerai brièvement, car pour le croyant il importe non seulement de considérer loyalement les arguments critiques des historiens et des philologues, mais également de comprendre les destins historiques de la foi chrétienne.

Homme-Dieu plus divin qu'humain.

Après une longue crise dans l'Église des IIIe et IVe siècles, crise dont le centre était la question de l'identité de Jésus-Christ, les Pères du concile de Constantinople, réunis en 381, promulguaient la doctrine qui sera définitivement celle des Églises catholique et orthodoxe, mais aussi celle de Luther et de Calvin. Les Pères du concile déclarent que Jésus, « le Fils unique de Dieu est vrai Dieu de vrai Dieu, engendré, non pas créé, et de même substance que le Père... ». La suite de la déclaration peut se résumer de la manière suivante : Dieu de Dieu, le Fils est descendu du ciel et a pris chair de la Vierge Marie.

On apprécie la rigueur conceptuelle avec laquelle les Pères du concile ont formulé leur foi. Pour bien comprendre cette déclaration, il faut tenir compte du fait qu'on y présuppose la confession biblique que Dieu est le créateur de tout ce qui existe en dehors de lui, donc aussi le créateur de l'humanité de Jésus. On affirme que Dieu est le Père de la nature divine de Jésus-Christ, mais non pas le créateur. La filiation divine de Jésus est un engendrement, non pas une création. Aussi cette filiation est-elle unique ; Jésus est « le Fils unique de Dieu ». En faisant la distinction entre engendrement en Dieu et création par Dieu, les Pères du concile ne prétendent pas expliquer philosophiquement qui est Jésus-Christ ; bien au contraire, ils affirment que le mystère divin de Jésus dépasse la raison, parce qu'en lui Dieu lui-même prend corps humain. Selon la conception biblique, le terme « chair humaine » signifie non pas le corps que la philosophie grecque distinguait de l'esprit, mais l'existence humaine concrète, corporelle, affective et spirituelle. Remarquons à ce propos que, dans sa philosophie, Maurice

Merleau-Ponty reprend le terme de chair pour désigner l'unité existentielle de l'être humain.

La formulation du concile de Constantinople est nouvelle. Elle comporte des termes empruntés à la philosophie grecque, tel celui de substance, termes qu'on ne trouve ni dans les évangiles, ni même dans les épîtres de saint Paul. Pourtant, l'Église qui en 381 définit ainsi sa foi, ne l'invente évidemment pas à ce moment. Mais face à ceux qui, comme Arius, semblaient concevoir Jésus-Christ comme un être intermédiaire entre Dieu le Père, seul vrai Dieu, et les hommes, l'Église a pris plus nettement et plus conceptuellement conscience de ce qu'elle était convaincue d'avoir toujours confessé. Comme c'est souvent le cas, c'est la négation par les autres de ce qu'on tient pour la vérité, qui amène à penser et à dire ses propres convictions avec plus de rigueur. Néanmoins, à cette époque, on ne mesurait pas l'évolution que la pensée chrétienne avait accomplie avant d'en venir à se formuler aussi distinctement. Au IVe siècle, la critique historique moderne ne s'était pas encore formée et l'idée de l'historicité des représentations et des concepts théoriques ne faisait pas encore partie de la pensée des philosophes et des théologiens. En définissant le dogme sur le Christ, après des débats laborieux, les Pères du concile ne se posaient pas la question de ce que la théologie du XIXe siècle appellera « l'évolution du dogme ». En toute bonne foi, les Pères du concile et les théologiens associés à eux lisaient les évangiles comme si ceux-ci attestaient explicitement la doctrine christologique de l'Église du IVe siècle.

La doctrine sur Jésus-Christ telle que l'Église l'a définie au IVe siècle est restée l'horizon théologique qui a dominé pendant des siècles la lecture qu'on faisait des évangiles dans la catéchèse, dans la pastorale et même dans les cours de théologie. Ni la critique historique des textes, ni les interprétations de nature anthropologique ne venaient faire difficulté à la projection massive, sur les textes incertains du passé, des conceptions formées par des siècles de foi et de réflexions théologiques. Quelques exemples encore familiers à beaucoup d'entre nous pourront illustrer cette lecture rétrospective. On ne songeait pas à mettre en question l'historicité des textes de Matthieu et de Luc sur la naissance de Jésus d'une mère restée vierge ; dans ces récits on voyait la divinité de Jésus attestée et révélée à l'origine même de sa vie. On interprétait comme signifiant la divinité de Jésus ou son pouvoir divin les titres par lesquels il se serait désigné ou que d'autres lui donnaient ; ainsi celui de Fils de Dieu ; également celui de Fils de l'homme (titre repris au prophète Daniel qui identifie par cette expression un mystérieux personnage qui descend du ciel pour juger avec autorité divine) ; ou encore celui de Messie. On voyait la preuve de la divinité de Jésus dans les exorcismes et dans les miracles, en particulier dans celui de la résurrection de Lazare, présenté par l'évangile de Jean. En commandant à la tempête et en multipliant les pains, Jésus aurait montré qu'il avait sur les choses le pouvoir du divin Créateur.

Dans cette optique, les récits de la mort et de la résurrection ne faisaient pas problème. Bien au contraire, concernant ces événements on lisait les récits des trois premiers évangiles à la lumière de l'évangile de Jean. Or, selon cet évangile, Jésus avait la pleine connaissance divine de tout, également de la crucifixion qui l'attendait. Libre comme seul Dieu peut l'être, il déposa sa vie, parce que c'était la volonté du Père. Puis il la reprenait dans la résurrection ; il se ressuscita donc lui-même glorieusement. Cette vision johannique de la résurrection est devenue traditionnelle et elle a si fortement imprégné les esprits durant des siècles, que les peintres l'ont représentée. On songe par exemple à la peinture de Piero della Francesca à Borgo San Sepolchro : le Christ surgit majestueusement de la tombe, tel un seigneur divin qui a triomphalement rejeté la lourde pierre tombale et foudroyé les gardes romains par son aura divine.

Dans ce contexte, il allait de soi de comprendre aussi certains énoncés sur Jésus comme décrivant l'incarnation d'une personne divine. Ainsi la très ancienne hymne chrétienne que cite saint Paul dans l'épître aux Philippiens (II, 6) « Lui qui, subsistant en forme de Dieu, … s'est anéanti, prenant forme de serviteur, devenant semblable aux hommes ». On ne doutait pas que « forme de Dieu » signifie : de nature divine, égal à Dieu. Le Prologue de l'évangile de Jean se prêtait par excellence à cette lecture théologique : « … le Verbe était Dieu… Et le Verbe est devenu chair, et il a séjourné parmi nous ». Sans hésitation on a interprété « Verbe » comme désignant la deuxième personne de la Sainte Trinité, le Fils éternel du Père.

L'Église des premiers siècles a combattu avec décision toutes les interprétations qui niaient la réalité de l'humanité de Jésus. Elle a même utilisé et affiné des concepts philosophiques pour se prononcer avec vigueur sur cette question et pour dissiper les ambiguïtés. Reste que la théologie a été pensée essentiellement dans la ligne descendante. On a pensé à Jésus de Nazareth d'abord comme à une nature humaine dans laquelle le Fils de Dieu, Dieu de Dieu, était descendu. On ne se demandait pas comment Jésus, fils de Marie, avait vécu son existence d'homme face à Dieu, en relation humainement filiale avec Dieu. On regardait Jésus comme un Dieu qui triomphe de la mort. On a pensé et parlé comme s'il n'était pas également un homme appelé à aller vers Dieu, et cela à travers une mort humainement toujours inquiétante. En un mot, on a trop mis la réalité humaine de Jésus à l'ombre de sa divinité.

Deux raisons font comprendre l'accentuation de la divinité de Jésus au détriment de la reconnaissance effective de son humanité. Comme toujours dans l'histoire de la pensée, une fois qu'une intellection est acquise, elle prend une telle force d'évidence que le long chemin qui y a conduit semble se contracter en quelques jalons. En outre, en l'absence d'une conscience historique éveillée, les traces du passé prennent le sens du présent dans lequel on vit. Cette loi générale du temps de la vie et de la pensée se trouve renforcée dans la religion chrétienne par un deuxième facteur, plus spécifique. Comme je l'ai souligné à plusieurs reprises, en s'alliant avec la rationalité grecque, le christianisme avait pu articuler en pensée théologique ses convictions et ses pratiques. L'influence métaphysique de la philosophie de Platon en particulier poussait à concevoir la personne de Jésus comme le Christ préexistant en Dieu et descendu parmi les hommes. La vision platonicienne fait donc parler de Jésus comme si Dieu descendu dans un homme rendait celui-ci transparent à l'irradiation divine. Cette vue sur Jésus est déjà très marquée dans le quatrième évangile, rédigé précisément vers la fin du premier siècle par un auteur imprégné de la culture hellénistique.

Bien plus encore que celles de l'Occident, la théologie et la liturgie des Églises orthodoxes ont été façonnées par cette interprétation croyante. Il me paraît significatif à cet égard que la nuit de Pâques, lors de la célébration orthodoxe la plus importante et aussi la plus populaire, le Prologue de l'évangile de Jean solennellement chanté donne le sens de la résurrection. Celle-ci manifesterait donc ce que Jésus a toujours été : le Verbe divin, deuxième personne de la Trinité, qui, ayant déposé la chair qu'il avait prise, la reprend. Libéré maintenant des contraintes terrestres, il confère la splendeur divine à son humanité.

Le parti-pris théologique qui interprète sans insister Jésus-Christ comme un Dieu descendu dans la chair humaine, crée quelque problème pour la tradition chrétienne qui considérait la crucifixion comme un sacrifice. Dans son sens propre, ce terme désigne le rite central des religions. L'homme offre le sacrifice à Dieu en signe de reconnaissance, parfois de propitiation, et pour demander à Dieu les bénéfices souhaités. Pour exprimer le sens de la mort de Jésus, on a très tôt pris le terme de sacrifice, central dans les religions, et on l'a transféré sur l'acceptation par Jésus de la mort en croix. Que Jésus offre sa vie humaine comme sacrifice est un langage métaphorique intelligible. Mais si on pense à Jésus-Christ comme « Dieu de Dieu » ? C'est à cette question qu'au XIe siècle Anselme a répondu dans son petit traité *Pourquoi Dieu s'est-il fait homme ?* La réponse d'Anselme est simple : seul le propre Fils de Dieu pouvait offrir le sacrifice qui donnerait la satisfaction exigée au Père lésé par le péché. À y réfléchir, cette théologie paraît aussi bizarre que simple. Penser que la colère de Dieu demande l'exécution sacrificielle de son propre fils, n'est-ce pas une conception barbare de Dieu ? Pour qu'on ait pu la répéter pendant des siècles, il a bien fallu que la foi fût intuitivement plus riche et plus juste que la conception de la rédemption qu'on enseignait. Celle-ci illustre de toute manière les aberrations d'une théologie du Christ essentiellement descendante. Il n'est pas étonnant que la conscience contemporaine refuse cette théologie de la rédemption ; par réaction elle se trouve encouragée à adopter la réduction de l'œuvre de Jésus-Christ à celle du prédicateur de la morale évangélique.

Lecture historique-critique des évangiles et autres textes sacrés.

Plusieurs disciplines des sciences humaines ont ouvert un regard critique sur la distance entre les textes du Nouveau Testament, surtout les évangiles synoptiques, et leur interprétation théologique postérieure. Les incroyants étaient évidemment attentifs aux pseudo-évidences auxquelles les croyants demeuraient accrochés. Lessing formulait déjà le problème comme celui de l'abîme entre le Jésus historique et le Christ de la foi. C'est après la foi en la résurrection que toute la construction théologique aurait commencé. Aussi beaucoup d'interrogations critiques vont-elles tourner autour des récits de la résurrection. Le rationalisme ne craignait pas toujours de répéter des explications populaires qui, à lire les récits de la résurrection, avaient déjà dû circuler au temps de la jeune Église. Ainsi l'érudit rationaliste Reimarus, publié anonymement par Lessing lui-même, prétendit que les apôtres avaient frauduleusement caché le corps du Christ, puis construit leur récit de la résurrection.

Afin de préparer l'aperçu de la réponse qu'on peut donner et justifier à la question du Christ historique, j'épinglerai quelques exemples des bouleversements introduits par l'étude scientifique des textes. Des études comparatives des religions font apparaître des similitudes entre certains récits évangéliques et les récits, légendes ou mythes d'autres provenances. Le récit de la naissance d'une vierge-mère se retrouve dans la tradition bouddhiste et dans celle créée autour de l'empereur Auguste. D'après des témoignages anciens du temps de Jésus, il existait d'autres thaumaturges guérisseurs et exorcistes ; on peut d'ailleurs lire une confirmation de ces informations dans certaines discussions entre Jésus et ceux qui l'interrogent polémiquement sur son pouvoir.

Les études philologiques-exégétiques, pour leur part, ont montré que des expressions interprétées comme signifiant la nature divine de Jésus, n'ont pas ou pas nécessairement cette signification. Ainsi les titres attribués à Jésus : Fils de Dieu, Fils de l'homme, Messie. Même la plus célèbre des phrases du Nouveau Testament, « Et le Verbe est devenu chair », n'implique pas nécessairement l'affirmation que la deuxième personne de la Sainte Trinité s'est incarnée en Jésus de Nazareth. Bien sûr, la contestation de cette interprétation ne signifie pas non plus la négation du dogme chrétien !

Des analyses serrées des textes ont aussi soutenu une interprétation symbolique-théologique du miracle le plus retentissant attribué à Jésus, celui de la résurrection de Lazare. On a également produit de sérieux arguments pour classer parmi les récits symboliques-théologiques ceux de la multiplication des pains et des opérations miraculeuses sur la nature, comme l'apaisement de la tempête et la pêche miraculeuse.

En invoquant les examens historiques et littéraires des textes, certains auteurs ont même tout simplement mis en doute la valeur de document historique reconnue aux évangiles. En 1863, Ernest Renan croyait encore pouvoir écrire une *Vie de Jésus*. Rédigé dans une prose poétique et sensible à la couleur de la Palestine de Jésus, ce livre eut un retentissement extraordinaire en Europe, car il prétend avoir décapé la vie de Jésus de toute la dogmatique que le christianisme lui aurait surimposé et présenter la véritable biographie de Jésus, « cet homme incomparable ». Quelques décennies plus tard, Rudolf Bultmann, grand exégète luthérien, déclare que toutes les biographies de Jésus ne peuvent être que des fictions, parce que les évangiles, et même les supposés documents qu'auraient utilisés les rédacteurs, sont déjà des textes théologiques, et non pas des rapports historiques sur la vie et les gestes de Jésus de Nazareth. Une phrase de son livre *Jésus*, de 1926, résume parfaitement la conclusion que Bultmann tire de ses études sur les textes : « Car je suis d'avis *(Meinung)* que nous ne pouvons quasiment plus rien savoir de la vie et de la personnalité de Jésus, parce que les sources chrétiennes ne s'y sont pas intéressées, parce qu'elles sont en outre très fragmentaires et envahies par la légende et que d'autres sources sur Jésus n'existent pas[1] » (p. 11). Bien vite cependant, cette conclusion a été jugée excessive et appuyée sur des principes historiographiques contestables. Depuis Bultmann, bien des exégètes même les plus rigoureusement scientifiques accordent une réelle valeur historique aux évangiles. J'y reviendrai.

Pour lacuneux qu'il soit, notre aperçu fait ressortir une convergence d'idées parmi ceux qui ont fait la lecture des évangiles en prenant les repères, non pas dans la théologie postérieure, mais dans les principes des sciences des textes. On s'accorde à souligner l'importante différence dans le regard des témoins sur Jésus avant et après sa mort. Les contemporains, même les disciples de Jésus, ne l'ont sûrement ni vu ni entendu comme le « Dieu de Dieu » ayant pris chair d'une vierge nommée Marie.

Au siècle passé, certains auteurs croyaient qu'après avoir ainsi nettoyé les évangiles de la théologie chrétienne, on pouvait retrouver la personne et la vie d'un homme admirablement religieux. Des études récentes ont retourné les conceptions critiques précédentes et affirmé qu'on ne pouvait plus retrouver le Jésus historique, puisque, de toutes façons, les évangiles sont des témoignages de foi et non pas des textes historiques. Mais on s'est ensuite demandé ce que pourrait être un texte purement objectif sur Jésus. Le

1. Ma traduction.

positivisme avait, en effet, faussé le regard critique, dans ce cas-ci comme dans bien d'autres. Un témoin historique n'est jamais une caméra combinée avec un dictaphone qui enregistrerait sans même prendre un angle de vue et sans sélectionner. Il paraît assuré maintenant que les évangiles ont une valeur historique, mais aussi qu'ils sont des témoignages de la foi des rédacteurs.

En redécouvrant l'humanité de Jésus trop occultée par la théologie, on se trouve donc amené à poser un nouveau problème. Comment comprendre que la communauté ait pu élaborer rapidement après la mort de Jésus toute une théologie de son origine divine ? Indubitablement, la foi en la résurrection de Jésus a dû transformer le regard sur lui. Mais sur quoi cette foi s'appuyait-elle ? C'est là de toute évidence l'énigme de la formation du christianisme. Tout donne à penser que c'est Jésus lui-même qui est au cœur de cette énigme.

Récit du subconscient ?

Comment expliquer, si on n'est pas croyant, les récits de la résurrection et toute la tradition qui a lu dans les paroles et vu dans les gestes de Jésus l'affirmation et la manifestation de sa divinité ? La voie théorique qui s'offrait aux esprits critiques était d'abord de chercher l'explication dans les influences des milieux religieux qui ont entouré le premier christianisme. On a fait valoir des similitudes entre la résurrection et la divinisation de Jésus et les mythes de l'Égypte sur la mise à mort et le retour à la vie d'Osiris, dieu des forces végétales, que l'on a par la suite identifié avec le dieu-Soleil ; dans les rites et les représentations de l'Égypte pharaonique, le soleil réapparaissant à chaque aube était le principe divin de l'éternel recommencement et de l'immortalité de l'âme.

On a invoqué également l'influence qu'auraient eue sur la naissance du christianisme les représentations mythologiques d'autres religions et surtout des multiples cercles mystériques et gnostiques. Ces groupements religieux ésotériques foisonnaient au siècle qui précéda et aux deux siècles qui suivirent Jésus-Christ. Ils reprenaient des idées et des images à plusieurs religions, également à la Bible ou au christianisme, et ils les inséraient dans des ensembles souvent étrangement imaginaires. La caractéristique quasi universelle des cercles gnostiques était leur conviction dualiste. Ils opposaient l'œuvre mal faite ou perturbée par le dieu ou démon créateur et l'œuvre de perfectionnement que veut faire le dieu bon. Le mal réside dans la réalité matérielle et corporelle elle-même. Il faut s'en libérer par la connaissance initiée ; de là le terme de gnostique : on est sauvé par un savoir. Par cette initiation spéculative on est relié au dieu bon et on se libère de la souffrance et de la peur. Les informations récentes sur les scandales de l'Église scientologique nous montrent qu'il se trouve toujours des êtres pour se laisser fasciner par des théories pseudo-spéculatives et pseudo-religieuses, lorsque celles-ci promettent la libération de l'angoisse et de la souffrance par une initiation théorique.

De nos jours, les travaux historiques sérieux ont fait abandonner les théories qui expliquent l'origine du christianisme par ces emprunts. Bien sûr, il y a des images et des symboles qui ont un certain caractère universel et qui se retrouvent en beaucoup de mythes et de religions comme dans des textes de la Bible et des évangiles : la nature qui revit au printemps, le soleil qui remonte à l'aube, le serpent qui rejette sa vieille peau, la semence enterrée qui donne le blé, ou l'image presque onirique de l'oiseau qui sort revivifié du feu… Tout comme la pesanteur et la différence entre le haut et le bas, entre la nuit et la lumière, ces images et ces symboles sont universels parce qu'ils font partie de notre existence corporelle dans le monde.

Certains pensent que ce qui importe alors, ce n'est pas la réalité historique de Jésus-Christ, de sa résurrection, des influences sur l'origine du christianisme, mais la réalité humaine, surtout psychique, que la religion, chrétienne ou autre, permet d'exprimer. D'après moi, la psychologie de Jung se ramène fondamentalement à cette théorie. Jung lui-même a désigné ses conceptions par le vocable « psychologie analytique », afin de les distinguer de la psychanalyse freudienne dont il avait rejeté les concepts majeurs et du même coup profondément modifié la technique thérapeutique. L'idée de Jung est que les rêves, les mythes, les symboles et les rites religieux, mais aussi les délires psychotiques, émanent du subconscient humain. Cette conviction conduit Jung à faire de larges comparaisons entre des représentations appartenant aux cultures, aux religions et aux mythes les plus divers. Le *subconscient* de Jung n'est pas l'inconscient personnel de Freud. Dans la théorie de Jung, le subconscient est en effet composé de formes archétypales universelles, auxquelles différentes religions peuvent donner des contenus concrets quelque peu différenciés. Ainsi Dieu, Zeus, Shiva, le Christ sont les représentations correspondant à l'archétype de la puissance qui règne. Le baptême chrétien comme plongée dans l'eau exprime l'archétype de l'immersion dans la mort et du retour à la vie ; il actualise l'archétype qu'on trouve également dans les bains rituels d'autres religions, dans maints rites d'initiation, dans les récits chrétiens de l'ensevelissement, de la descente « aux enfers » et de la résurrection du Christ, dans le récit mythologique sur Osiris, et aussi dans certains délires psychotiques.

La première observation qu'il faut faire à Jung et à ceux qui le suivent, comme à ceux qui applaudissent les échos que lui fait Drewermann, c'est qu'ils ne se préoccupent guère de la rigueur des analyses textuelles. Ils font fi du principe herméneutique fondamental selon lequel un symbole ne prend son sens que dans et par l'ensemble dans lequel il a son lieu et sa fonction. Au symbole s'applique la règle qui vaut pour nombre de mots : ils n'ont leur sens que dans la structure d'une phrase articulée ; à titre d'exemple songeons à : corps chimique, corps céleste, corps et âme, le corps d'une lettre, etc. Ce qui séduit les disciples de Jung, c'est l'idée que les symboles et les pratiques symboliques libèrent en l'homme une énergie psychique que la civilisation technique et la religion trop rationnelle auraient réprimée, permettant ainsi à l'homme de faire l'expérience du sens de l'existence et de surmonter ses angoisses. Le salut chrétien se traduit donc ici en termes de santé psychique sensiblement éprouvée ; l'idée d'angoisse remplace le concept de péché jugé répressif. Le débat sur la vérité historique des récits évangéliques se trouve relégué à la sphère où l'*animus* rationaliste veut domestiquer l'*anima*, joyeusement riche de sa vie de symboles.

Ces théories ont récemment connu un succès impressionnant, inattendu et ambigu dans l'utilisation qu'en fait le théologien E. Drewermann. Sous le drapeau d'une théologie revivifiée par la psychanalyse, Drewermann interprète, en fait, de plus en plus les données de la tradition chrétienne à l'aide des conceptions psychologiques de C. G. Jung.

Le premier évangile.

Actuellement on s'accorde à reconnaître aux évangiles une valeur historique, parce qu'on peut y trouver des informations remarquablement riches et précises sur le pays de Jésus, sur les graves tensions politiques, sur les courants religieux et sur les coutumes de son époque. Comme divers autres documents confirment la justesse des informations données par les évangiles, la valeur historique de ceux-ci se trouve garantie. S'il n'y a pas moyen de reconstituer une véritable biographie de Jésus, on admet généralement que les évangiles fournissent un nombre important de données sur la vie et surtout sur la mort de Jésus. On sait bien plus sur Jésus que sur la plupart des personnalités bien connues de la même époque. Mais on admet sans peine, même parmi les exégètes des Églises chrétiennes, que certains récits sont des textes théologiques et non pas des documents historiques : ceux de la naissance de Jésus, de la tentation au désert, des miracles comme l'apaisement de la tempête, la multiplication des pains et la résurrection de Lazare. Mais ce qui est tout aussi important que la confirmation d'une certaine valeur historique des évangiles, c'est que toutes les tentatives d'explication critique de ces textes ont conduit à mieux voir et comprendre le genre de documents très particulier, véritablement unique que sont les évangiles. C'est par un bref exposé de cette thèse que je voudrais maintenant conclure les débats que j'ai évoqués.

Comme on peut l'apprendre également dans les Actes des Apôtres, écrits par Luc vers 85 et œuvre très bien documentée, les apôtres, puissamment inspirés par l'Esprit de Dieu, ont commencé par proclamer l'évangile, littéralement : le message heureux, celui de la résurrection et de l'exaltation divine de Jésus par Dieu. Message heureux, parce qu'il est à tous les niveaux libérateur pour l'homme qui s'attache à Jésus dans la foi. Avec Jésus, le croyant aura part à la relation avec Dieu qui comble les désirs. Comme cela avait été la pensée de Jésus lui-même, les apôtres qui proclamaient ce premier évangile croyaient apparemment que la fin des temps était proche. Cette croyance était cependant secondaire pour eux et ne faisait même pas partie du noyau de l'évangile proclamé. Ils n'incitaient pas les fidèles à se retirer de la vie quotidienne commune. Ce qui importe dans leur prédication, c'est que déjà dans leur foi actuelle, les croyants trouvent la paix et la joie du Royaume de Dieu. Ce message heureux consiste donc fondamentalement dans la proclamation de la transformation divine de la personne que les apôtres identifient indubitablement comme étant Jésus de Nazareth, « mort sous Ponce Pilate », donc à une date clairement située dans le temps. On est loin des mythes et des archétypes qui seraient innés dans le subconscient ou produits par l'imagination. Le message affirme on ne peut plus explicitement un événement historique, un événement produit par Dieu. Comme tout fait qui est au sens précis du mot un événement, la résurrection de Jésus était une surprise pour les apôtres. Plus même, comme c'est un événement dont Dieu est l'auteur, et comme il consiste dans la tranformation divine d'un homme disparu dans l'ensevelissement, cet événement était absolument invisible. Les exégètes s'accordent à tenir les récits sur le tombeau vide de Jésus pour des récits symboliques formés à une date ultérieure. La proclamation de la résurrection, noyau dur et originaire de l'évangile, ne déroge donc en rien au principe de l'invisibilité de Dieu, principe qu'a imposé l'esprit scientifique.

La foi en Jésus-Christ serait-elle alors absolument gratuite, sans fondement dans une réalité du monde ? Si c'était le cas, cette foi serait plus chimérique encore que les croyances dans les possessions diaboliques. Toutefois, à bien considérer le message premier et fondamental des apôtres, proclamé peu après la mort de Jésus, on comprend que la foi en sa résurrection trouve un fondement dans le Jésus historique auquel les apôtres se réfèrent. La coupure que la critique avait faite entre le Jésus historique et le Christ divinement élevé doit donc être reconsidérée à la lumière de ce qui a été le noyau explosif des évangiles. La critique ne tient pas compte de la particularité des évangiles, qui est d'affirmer avant tout que c'est Jésus lui-même qui est vivant et divinement et activement présent parmi ceux qui croient en lui. En lui : c'est bien en Jésus de Nazareth qu'il faut croire selon les toutes premières prédications ; car c'est lui le Christ, venant de Dieu et ressuscité par Dieu. L'annonce même de la résurrection après la mort dramatique entraîne alors, au fur et à mesure des prédications, l'explicitation des souvenirs qu'on avait de Jésus. Ces souvenirs, d'une part, donnent consistance à l'identité personnelle du ressuscité ; d'autre part, ils remplissent de contenu l'idée du Royaume de Dieu et de ses béatitudes et ils déploient le sens de l'idée « suivre Jésus dans la foi ». J'y reviendrai.

Conclusion.

Les études critiques sur les origines du christianisme ont démystifié une certaine lecture théologique des évangiles. Elles ont aussi secoué une conception un peu positiviste de l'historicité des évangiles, conception qu'une apologétique trop défensive a parfois renforcée. Ces révisions critiques ont été largement diffusées auprès de populations croyantes qui étaient plus à l'aise dans l'ancienne interprétation théologique et qui sont en outre embarrassées par les subtilités des disciplines de l'interprétation. Ces turbulences dans l'exégèse des évangiles ont profondément ébranlé bien des croyants peu préparés à recevoir les secousses causées par ces critiques. Les remises en question les ont touchés d'autant plus intensément que de partout viennent les voix et les signes d'un monde que la rationalité moderne tend à replier sur lui-même. On y fait même rentrer Dieu en lui assignant son lieu dans le subconscient archétypal.

Néanmoins, en s'attachant au défi que représente l'origine du christianisme, la rationalité critique a rendu un grand service à la foi, en dépit de toutes les extravagances et malgré les acharnements répétés et passionnels pour démystifier la religion chrétienne. La plus réaliste reconnaissance de l'humanité de Jésus permet mieux de donner sa véritable signification à la résurrection. Et la plus juste appréciation du genre d'écrits que sont les évangiles, invite à prendre conscience de ce qu'est l'acte de foi en réponse au « message heureux ». On sera moins tenté alors de ramener le message chrétien à la sorte de prédication morale qu'aime la raison éclairée, et qu'on baptise légèrement par une référence à Jésus « cet homme incomparable », comme disait Renan.

CHAPITRE IX

« JE CROIS »

Rappel de notre cheminement.

Au terme des analyses et des réflexions faites au cours de ce livre, il est sans doute utile de regarder un moment le trajet que nous avons parcouru.

La question qui nous occupait peut être formulée de manière fort simple : en quoi, depuis des siècles, la modernité interroge-t-elle de manière critique la religion chrétienne ? Inversement, en quoi l'affrontement révèle-t-il éventuellement les inaptitudes de la modernité à reconnaître ses limites internes ? On présume que l'élucidation des points conflictuels sera bénéfique pour la conception de l'homme qu'on désire promouvoir, aussi bien que pour la foi chrétienne elle-même.

Quand on connaît l'histoire de la civilisation européenne, on sait qu'il n'y a jamais eu de rapports simplement bienheureux entre le christianisme et le monde social, économique, politique, philosophique. C'est heureux et tout à fait normal. Mais entre la modernité et le christianisme, il y a eu un rapport conflictuel spécifique, que je me suis efforcé de comprendre. J'ai voulu, et avec sympathie, donner place aux porte-parole de la modernité pour qu'ils s'expriment librement. Comme croyant, d'autre part, je suis parti du principe que, par le message chrétien, Dieu, de son côté, interroge lui aussi de manière critique la modernité. Je fais donc à ma façon, avec moins de poésie mais avec plus de philosophie, un peu ce qu'a fait l'auteur de Job, ce magnifique livre biblique. Dans sa souffrance, Job interroge Dieu et lui fait même un procès ; à son tour Dieu interroge Job sur ses points aveugles, mais sans lui faire de procès.

Nous sommes partis de la différence fondamentale, objectivement observable, entre les religions polythéistes ou animistes et le monothéisme biblique. En se plaçant au point de vue de la culture, même sans consentir personnellement au monothéisme biblique qui est le seul véritable monothéisme, comme Freud, il faut reconnaître, je crois, que le monothéisme accomplit une très importante spiritualisation de l'humanité. Et ce sont précisément les caractéristiques du monothéisme, en tout cas dans sa branche chrétienne, qui ont permis que se fasse l'unité entre la religion chrétienne et l'esprit philosophique et scientifique grec. L'affirmation du Dieu personnel, celui qui se fait connaître par la parole, celui qui, comme Créateur, pose le monde en dehors de lui, comme monde subsistant, tout cela permet à la religion chrétienne de faire une alliance avec la philosophie et avec les sciences du monde et du cosmos.

Mais l'avancée de la rationalité fera attaquer les fondements mêmes de la religion chrétienne, à savoir la foi que Dieu en tant que Dieu est entré dans l'histoire humaine. Comment comprendre ce conflit fondamental ? Ma conviction est qu'on ne peut pas expliquer des faits aussi importants par des causes contingentes et secondaires, comme le sont les abus de l'autorité, la bêtise, la méchanceté de personnages importants... En cette matière aussi je raisonne en psychanalyste, et j'essaie de voir quels sont les dynamismes conflictuels en jeu.

Par étapes successives, en tout domaine j'ai suivi la modernité dans son entreprise de construire la vision d'un monde qui forme un système rationnel, et j'ai relevé la tendance à fermer le monde sur lui-même. Avec Descartes, la vérité devient la certitude et le réel que la raison peut dominer. La science pose par principe un monde structuré par des lois rationnelles, elle met donc en question l'idée du miracle ; j'ajoute que moi-même je ne défends pas le concept de miracle tel que la science moderne l'a déconstruit. La découverte de la subjectivité trouve son accomplissement dans la science du psychisme et dans les tentatives pour expliquer les religions comme des productions psychologiques. La philosophie reprend avec vigueur la thèse que la morale, elle aussi, est une dimension de l'homme qui appartient à l'univers de la rationalité, et qu'elle est donc autonome par rapport à l'autorité religieuse. Dans ce domaine, les grands philosophes reconnaissent néanmoins l'éminente signification morale de Jésus-Christ. La philosophie des Lumières s'astreint cependant à réintégrer Jésus dans l'ordre rationnel du monde humain. Et n'est-ce pas aussi ce que vise Hegel lorsqu'il prend en compte ce qui, dans le christianisme, déborde l'éthique ? Finalement, l'esprit critique s'attaque à ce qui demeure un problème majeur pour qui reconnaît la grande signification du christianisme pour la civilisation, mais qui a décidé de s'en distancier : comprendre le christianisme en expliquant son origine. Ce projet a inspiré d'innombrables études historiques et philosophiques des évangiles. Ce qui m'a paru un des résultats positifs particulièrement intéressant de ces études critiques, c'est d'abord, qu'elles ont montré combien la lecture des évangiles a été inconsciemment dominée par une théologie métaphysique qui accentuait tellement la divinité de Jésus que son humanité, pourtant affirmée, était bien trop méconnue. Un deuxième résultat important a été le suivant : en discutant l'origine et en contestant l'historicité des textes des évangiles, l'histoire critique est arrivée à montrer que les évangiles ont leur commencement, non pas dans les récits sur la vie et la prédication de Jésus, mais dans la proclamation que Jésus de Nazareth, l'homme qu'ils ont connu et qui a été crucifié, a été ressuscité par Jahvé, et que Dieu lui a donné toute la gloire et tout le pouvoir de Dieu lui-même. Les apôtres eux-mêmes ont donné le nom d'évangile, heureuse annonce, à cette proclamation.

On en arrive donc à ceci : si on purifie la religion chrétienne, à commencer par les évangiles, des données que la modernité a progressivement contestées, on n'a pas enlevé l'essentiel. Je rappelle les données contestées : les miracles, les exorcismes, la science divine de Jésus, la naissance d'une mère vierge, l'idée d'une morale spécifiquement chrétienne, l'idée que Dieu est intervenu de manière particulière dans l'évolution lors de la transition de l'animal à l'homme. Mais l'esprit moderne accepte-t-il facilement l'essentiel que l'étude critique des sources elle-mêmes a permis de dégager ? Et si non, pourquoi pas ? À cet essentiel, on ne peut faire aucune objection rationnelle... Il reste que le Dieu annoncé est l'Autre radicalement autre, sur lequel la raison ne boucle pas son trajet vers la certitude. En s'introduisant dans le jardin humain, Dieu réveille et attire sur lui les anciens efforts pour se libérer des dépendances religieuses.

La proclamation de la résurrection.

Dans notre parcours, nous sommes donc arrivés au noyau irréductible de la religion chrétienne : la proclamation d'un événement accompli par Dieu dans la réalité du monde. Il ne s'agit pas du tout d'une intervention surnaturelle dans les situations du monde comme monde. Que Dieu ait ressuscité Jésus n'est pas un genre d'intervention comme celles qui fourmillent dans les récits des religions polythéistes. Il ne s'agit pas non plus d'un fait surnaturel qui ferait exception dans les choses du monde, un fait qu'on aurait pu observer et dans lequel on aurait reconnu un signe miraculeux, comme l'avait été, selon le récit qu'en a fait la Bible, la traversée sensationnelle par Moïse et sa troupe de la mer des Roseaux. L'action divine dans et pour Jésus de Nazareth que proclament et annoncent les apôtres est si parfaitement discrète qu'elle n'a rien d'une confusion entre la nature et le surnaturel. Dieu y demeure tel que la modernité l'a rendu radicalement invisible.

Ce que je souligne si fortement paraît contredit par les récits que font les évangiles de la constatation du tombeau vide ainsi que des apparitions du Christ ressuscité. Seulement, sur la base de l'analyse des textes, la grande majorité des exégètes, y compris des exégètes catholiques, sont convaincus que ces récits ne forment pas le noyau originaire de l'annonce de la résurrection. Comme pour certains des récits des miracles, la prédication a bien pu tisser des récits autour de la résurrection en leur donnant un sens symbolique. Il est probable que les disciples des apôtres ont aussi ajouté quelque légende à visée apologétique. Quant aux récits des apparitions de Jésus, l'analyse psychologique montre qu'il est toujours fort difficile de faire la différence entre l'expérience d'une vision et l'impression d'assister à une apparition. Il ne serait donc pas légitime d'arguer des textes qui font état d'apparitions pour dire que le ressuscité a été vu comme on voit un homme vivant marcher et manger, et que la résurrection était donc physiquement si réelle qu'elle était perceptiblement observable. Qu'il y ait eu des visions du ressuscité ne semble pas faire de doute. Cela prouve seulement l'intensité surprenante de la foi des apôtres, mais n'ajoute pas une preuve de vérité à leur proclamation.

L'origine de la religion chrétienne est donc aussi mystérieuse que l'origine du monothéisme biblique. Dans les deux cas, selon ces religions, Dieu intervient dans le monde qu'il a créé, sans rien y modifier et sans déroger à aucun des principes qu'établissent et qu'élaborent la philosophie et les sciences de la nature et de l'homme. Dieu y intervient pour créer une réalité nouvelle. Selon la révélation fondatrice du monothéisme faite à Moïse, Dieu introduit dans l'humanité sa présence personnelle et conduit les religions à se transformer en un rapport personnel d'alliance d'amour entre l'homme et Lui, Dieu personnel et unique. Selon la religion chrétienne, Dieu intervient dans un homme, Jésus de Nazareth. En lui, en sa résurrection, Dieu effectue la transformation trans-historique qui accomplit sa création et sa présence personnelle. Les évangiles voient effectivement la résurrection comme un accomplissement, non seulement de la vie de Jésus, mais de la longue histoire biblique, car après coup les apôtres ont compris que les grands prophètes avaient annoncé cet accomplissement. Ceux-ci avaient saisi que l'Alliance comme présence personnelle de Dieu, faisait signe vers un avenir où, après l'épreuve d'une existence qui y prépare, tout ce qui était bien serait transfiguré par le Créateur en une nouvelle création. Éclairés par l'Esprit de Dieu, disent-ils, les apôtres comprennent qu'en Jésus obéissant jusqu'à la mort sur la croix, Dieu a anticipativement effectué la visée profonde de sa création et de sa première révélation. C'est cela qu'ils annoncent avec une foi si joyeusement convaincue et fière, qu'ils ont accepté de sceller par leur martyre.

On pourrait se pencher ici sur les raisons de cette rapide hostilité envers les chrétiens, en premier lieu de la part de membres importants du peuple monothéiste. Pourquoi a-t-on lapidé le diacre Étienne, saint Paul, le frère de Jésus ? Dans ces cas, les raisons ne sont évidemment pas les mêmes que celles des empereurs romains qui jetteront les chrétiens en pâture aux fauves des arènes. Cette haine n'a rien de commun non plus avec la méfiance défensive de la modernité envers des croyances religieuses. L'opposition de certains juifs aux premiers chrétiens est sans doute apparentée aux fondamentalismes qu'on observe aujourd'hui.

La proclamation originaire de la résurrection-glorification de Jésus par son Dieu ne contredit en rien l'*a priori* fondamental de la rationalité moderne, mais elle pose une vérité qui n'est plus la certitude de la raison. Toutefois, la nouvelle vérité divine de la résurrection est de la même nature que celle du monothéisme : elle est l'objet de la foi. La foi répond à la parole de l'Autre qui se fait présent dans sa parole. Ce qui est tout à fait spécifique du monothéisme biblique et de la religion chrétienne, c'est que par sa parole, Dieu empêche la fermeture de la vérité certaine que, par sa nature, la raison tend à établir. J'y reviendrai.

Dans l'annonce de la résurrection, il s'agit bien d'un événement, non pas d'un mythe, car ce qui est proclamé, c'est la transfiguration de l'humanité historique de Jésus de Nazareth. Cet événement visiblement surprenant pour les apôtres eux-mêmes, n'aurait évidemment pas de sens si la personnalité de Jésus ne s'y prêtait et si cet événement ne s'accordait également avec les paroles de Jésus lui-même. De fait, l'enseignement de Jésus n'est pas réductible à celui d'un sage, d'un maître et d'un modèle de haute moralité spiritualisée. Faisons donc comme les apôtres. Après avoir vu, avec les yeux de la foi éclairés par l'Esprit, Jésus glorifié et exalté divinement, les apôtres se remémorent la personnalité, les gestes et les paroles de Jésus. Cette remémoration n'est pas celle du ressouvenir habituel qui constitue une des phases d'un deuil. Bien au contraire. La foi joyeuse a transporté les apôtres au-delà du deuil. Pour eux la remémoration de Jésus est une voie pour remplir de contenu leur foi dans le ressuscité. Ils comprennent rétroactivement comment, par sa prédication et par son existence, Jésus a préparé l'événement de son exaltation. Toutefois, après les reconsidérations critiques que nous avons faites de la lecture théologique-métaphysique des évangiles, il faudra être prudent et ne pas mettre dans la vie et dans les paroles de Jésus le contenu d'un Christ déjà visiblement et audiblement Fils de Dieu au sens fort du terme.

Le Jésus historique.

Comme Jésus n'était pas une personnalité importante du monde, les seules sources sur Jésus de Nazareth sont les évangiles. Or les évangiles ne sont évidemment pas des rédactions qui s'appuient sur des annotations faites au jour le jour par des scribes archivistes. À lire les évangiles, on se dit que Dieu a pris des risques insensés dans son entreprise. Avec une rare imprudence, Il a confié son œuvre à une poignée d'hommes qui ont accompagné Jésus pendant une ou deux années et qui, dans la foi en sa résurrection, se sont mis à raconter leurs souvenirs. Ce qui impressionne toutefois le lecteur, c'est que les récits des souvenirs ne sont jamais des histoires anecdotiques comme celles qui abondent dans plusieurs textes de l'ancienne communauté chrétienne et que l'Église n'a pas reprises dans le recueil de ses textes sacrés. Les souvenirs que rapportent les apôtres lors de leur prédication font partie de l'annonce. Dans la compréhension post-pascale des apôtres, leurs souvenirs du Jésus historique s'intègrent dans l'évangile comme heureuse annonce de l'événement qu'est Jésus-Christ. Dans cette perspective, le fait que les prédications ne rapportaient pas toujours les mêmes souvenirs et ne suivaient pas le même ordre, n'avait pas d'importance : c'est toujours le même message qu'ils apportent. Aussi n'y a-t-il à l'origine qu'un seul évangile, celui qu'on appelait la *viva vox*, la voix vivante des apôtres qui témoignaient et annonçaient. Et lorsque ces témoignages ont été notés sur des feuillets, puis rassemblés et rédigés par les auteurs qu'on appelle les évangélistes, l'Église a toujours maintenu la conception première : il n'y a qu'un évangile. Dans la liturgie, on proclame toujours l'évangile, mais en y ajoutant le rédacteur : évangile selon saint Marc, saint Matthieu, saint Luc ou saint Jean. En ajoutant cette précision on signale sans ambiguïté que les citations des paroles de Jésus et les récits de ses actions passent par la médiation des hommes qui ont rédigé ces textes. Les évangélistes-rédacteurs y ont évidemment laissé un peu leur empreinte personnelle ainsi que celle de la communauté à laquelle ils appartiennent. Ainsi saint Marc était visiblement fort impressionné par la croyance à Satan et par les exorcismes ; Matthieu par les polémiques des pharisiens avec Jésus ; Luc par les signes de l'inspiration par l'Esprit de Dieu.

Par leur reconstitution de la rédaction des évangiles, les études critiques nous obligent également à renoncer à la certitude que cherche la raison historique et à accepter le genre littéraire tout à fait spécifique que sont les évangiles : des souvenirs qui font partie de la foi dont témoignent les apôtres. Et parce que ce sont ces souvenirs-là, les apôtres les remémorent pour eux-mêmes, avec le souci de la vérité, et les communiquent lors de leur prédication. Il y a, en effet, un cercle herméneutique entre, d'une part, l'expérience que donne l'Esprit de Dieu du Christ vivant et divinement exalté et, d'autre part, les souvenirs du Jésus historique. Après coup, ces souvenirs font donc partie de la foi en la résurrection et de la proclamation de celle-ci. Et c'est pour cela qu'on les raconte et qu'on les rédige.

Dans la fondation de la religion chrétienne, Dieu agit donc essentiellement par des intermédiaires humains. Rien ne le fait mieux saisir qu'une bonne bibliothèque d'une faculté de théologie. Les murs de la section réservée à l'exégèse du Nouveau Testament sont couverts par des milliers de livres philologiques, historiques, archéologiques, herméneutiques de haut niveau scientifique. Sur la table se trouvent les quatre petits livres appelés évangiles. Ce sont des textes rédigés par des hommes qui, Luc excepté, n'avaient pas de formation d'historien. Ils ont écrit en un grec peu classique, parfois pauvre et maladroit, parsemé de sémitismes. Ces hommes ne s'étaient pas consultés, pour éviter certaines contradictions dans leurs souvenirs, et ils n'avaient même pas le souci de présenter une véritable biographie de la personne que, selon eux, Dieu a posée au centre de l'histoire de l'humanité et du cosmos. Dans la conception de la première Église, ces petits livres ne sont pas, comme l'Islam le croit du Coran, tombés du ciel dans l'âme d'un scribe qui serait l'instrument de la dictée divine. Les évangiles ne sont que la forme rédactionnelle que leur ont donnée les porte-parole de la communauté qui proclamait et diffusait le message avec le souci de fidélité propre à la foi.

De toute évidence les apôtres n'avaient qu'une préoccupation : annoncer l'événement qui les avait eux-mêmes heureusement saisis et qui, pour eux et pour leurs auditeurs juifs, était un événement qui avait le sens du salut divin attendu. Car, ce qui frappe dans les premiers témoignages et annonces, ainsi que dans saint Paul, c'est la conviction que ceux qui croient à l'événement de salut que Dieu a effectué dans et pour Jésus, que ceux-là ont déjà invisiblement part à cet événement, sans que leur existence de travail, de soucis, de joies, de souffrances et d'amour humain en soit modifiée, sinon par l'esprit de foi et de charité qui anime les occupations et les réalités humaines. La théologie peut ensuite expliciter cela conceptuellement ; les apôtres, tout comme après eux les mystiques et les saints, l'ont vécu et exprimé à leur manière personnelle. Car, de toute évidence, il ne s'agit pas d'un savoir théorique, mais d'une métamorphose secrète de l'existence. En ce sens, les apôtres ont visiblement fait ce que, des siècles plus tard, on appellera l'expérience de la foi. Cette expérience n'est pas celle d'un sacré qui serait la source de la foi ; c'est la foi qui devient expérience lorsqu'elle est vécue par toute la personnalité : raison, affectivité et orientation active.

C'est à la lumière de cette expérience que les apôtres ont saisi le sens de la personnalité de Jésus et que sa remémoration prend l'allure que nous connaissons, celle d'un témoignage sobre, parfois même laconique dans la répétition des formules.

La personnalité de Jésus.

Les apôtres, qui annonçaient l'avènement de salut advenu en Jésus-Christ, ont immédiatement perçu que cet événement était celui-là même que Jésus avait annoncé sous le terme de Royaume de Dieu, parfois Royaume des cieux. Le premier annonceur — autrement dit le premier évangéliste — était et reste donc Jésus le prédicateur itinérant. Les foules l'admiraient pour le style unique de sa parole. Il les impressionnait par l'autorité naturelle avec laquelle il parlait et disait des choses inouïes. Appartenant à la culture juive, il parlait de temps à autre comme un rabbin, un maître juif habilité à enseigner et à expliquer les Écritures. Mais ce qui étonnait et parfois scandalisait, c'est qu'il le faisait alors qu'il n'était qu'un artisan venant d'un petit bourg du Nord et qu'il n'était pas formé par un maître rabbin. Plus grave, dans les interprétations qu'il faisait des Écritures, Jésus se donnait une autorité qui était même supérieure à celle de Moïse. Il parlait aussi comme un prophète et il était régulièrement considéré comme un prophète ; mais il n'était pas un visionnaire qui annonce le futur de Dieu ; il le proclamait déjà proche, en lui et par lui.

La nouveauté de ce qu'il annonçait intriguait. Il annonçait la proximité de la venue du Règne de Dieu et il énonçait en un langage simple mais tranchant les conditions de l'accès à ce Royaume. Indubitablement, pour lui le Règne de Dieu consiste dans la présence personnelle du Dieu invisible. Ce qui est le plus déconcertant, c'est que d'après ses paroles, par lui le temps de l'advenue de Dieu est arrivé. À l'écouter, ce temps se réalise effectivement par lui qui l'annonce ; plus même, il se réalise par l'annonce elle-même, dans la mesure où celle-ci est reçue avec foi. Les actions prodigieuses que Jésus accomplit — guérir, libérer des démons — symbolisent et actualisent le Règne de Dieu qu'il proclame et qu'il actualise par son message, pour ceux qui croient. Car Jésus n'est pas simplement un thaumaturge guérisseur comme l'étaient certains autres. Chez lui, les guérisons sont un avant-goût et une parabole de ce qu'est le Royaume de Dieu dans l'intimité de la personne, et de ce que sera le Royaume de Dieu lors de son accomplissement visible après l'histoire du monde. C'est aussi parce que les guérisons ont cette signification, qu'à certains moments Jésus est incapable d'en opérer lorsque le manque de foi le rend impuissant.

Jésus ne parle que de Dieu et du monde pour lequel Dieu est lumière, joie, vie. Véritablement Dieu est cela d'abord pour lui-même. Dès que Jésus se traduit en public, ceux qui l'approchent avec bienveillance le sentent et le perçoivent. Lorsqu'on le suit, c'est parce qu'on perçoit en lui un secret divin et on veut savoir « où il habite ». Selon ses paroles, son Dieu sera aussi le Dieu de ceux à qui il l'annonce et qui l'accueillent en confiance.

Le décapage théologique des évangiles a incité les exégètes à bien mettre en profil non seulement le genre de texte que sont les évangiles, mais aussi ce que la critique historique peut considérer comme le Jésus que les apôtres ont entendu et vu. Ce qui ressort de cette lecture, c'est un Jésus qui annonce l'advenue de Dieu, mais qui, dans ses paroles, ne se met pas lui-même au centre du monde et de l'histoire. Il est entièrement centré sur Dieu, selon la prière qu'il a enseignée à ses disciples : « Père, que ton règne vienne ! » En lisant les évangiles avec en mémoire les écrits des commentateurs qui s'intéressent à l'identité de Jésus et à la conscience qu'il a de lui-même, on est frappé par le fait qu'il ne s'en soucie apparemment pas. Il vit son identité existentiellement en se rapportant personnellement à son Dieu et en adressant son annonce aux hommes. Il fait très peu de déclarations sur lui-même. Sur la base des études philologiques-historiques, on peut penser qu'il ne s'est pas présenté avec les titres que déjà des contemporains lui donnèrent : Messie, fils de David, Fils de Dieu. Il est possible mais incertain qu'il ait eu conscience de remplir la fonction du mystérieux Fils de l'homme, le juge eschatologique venant de Dieu (voir le prophète Daniel 7, 13). Peut-être avait-il conscience d'avoir à assumer la fonction également mystérieuse du Sauveur souffrant, qu'en vision le prophète Isaïe avait prévue et décrite dans un langage saisissant (52, 13-53). Ce qui est certain, c'est que très tôt après la résurrection, les apôtres ont vu, dans la vision qu'avait Isaïe du sauveur ignoblement maltraité, une prophétie concernant Jésus, sa flagellation et sa crucifixion. Mais il n'est pas certain qu'avant la fin de sa vie publique, Jésus ait prévu lui-même que tel serait son destin et que ce serait la volonté de son Dieu qu'il accepte cette mort. Toute la conscience de Jésus est si purement orientée vers Dieu et vers le Règne de Dieu qu'il annonce et qu'il actualise, qu'il ne porte pas sur lui-même la conscience réflexive de celui qui a le souci de se déclarer, de se faire connaître, de se justifier. En conséquence, en face de lui, ou bien on refuse de l'écouter avec soin, ou bien on écoute et on essaye de le faire sans préjugé.

Décidément, en dépit de la hauteur de son esprit et de la noblesse de ses convictions, Kant n'a pas entendu l'essentiel du message de Jésus. On dirait qu'il a réfléchi à la signification de Jésus comme à celle d'une figure historique qui circule dans les souvenirs culturels. C'est comme s'il n'avait pas lu les évangiles dans la disposition de celui qui s'apprête à écouter un message nouveau. Il a considéré Jésus avec respect, de la manière dont un philosophe évalue ce qu'apporte à la raison éclairée un maître et un modèle. On ne reproche pas son aveuglement à Kant, car son incroyance n'est en rien comparable à l'incroyance de ceux qui ont condamné Jésus, ceux qui, suffisants, hautains et haineux ont rejeté son message en l'accusant de blasphème et de mensonge diabolique. On cherche à comprendre ; ce qui paraît certain, c'est que Kant a rationnellement décidé que, dans ce monde-ci et dans les temps présents, il n'existe pas d'autre réalité que celle du monde et de l'homme que délimite la raison. L'éthique de la raison pratique en fait partie. Mais pas la nouveauté de Dieu qu'annonce le message de Jésus. Kant ne s'interroge pas sur ce qui, en Jésus, ne s'accorde plus avec ses propres idées directrices. Bergson, au contraire, était attentif, comme philosophe, à la nouveauté de la qualité de vie qui se produit ici et là dans le monde. Les observations scientifiques l'avaient convaincu que les paradigmes ou archétypes de la raison ne permettent pas de rendre compte de la nouveauté. Dans la lecture des grands mystiques chrétiens, il avait ensuite perçu la nouvelle qualité de vie de ceux pour qui, dans la foi, le Règne de Dieu annoncé s'actualisait effectivement. Bergson n'est sans doute pas le plus rigoureux des philosophes. Ce qui m'intéresse en lui, c'est son attention au temps et à la nouveauté de la créativité, nouveauté qui échappe aux concepts théoriques. Cela l'a disposé à reconnaître que, sans détruire le monde comme système rationnel, Jésus l'ouvre sur la présence de Dieu qui advient dans le monde comme événement théoriquement non calculable.

Homme devant Dieu et divinisé par Dieu dans son humanité.

Je n'aurai pas l'impertinence de présenter une christologie en quelques lignes. Mais après avoir laissé opérer les sérieuses déconstructions pratiquées sur la tradition chrétienne séculaire et après avoir fait un retour aux sources, on doit reconnaître qu'il y a un mystère dans l'homme Jésus. Et non pas un mystère comme en recèlent d'autres personnalités exceptionnelles, mais un mystère qui concerne son lien particulier avec son Dieu.

Comment le dire sans faire mentir les observations que nous faisons en lisant les évangiles ? Ce ne sera sûrement jamais facile et simple et on comprend les discussions qui ont eu lieu dans l'Église et dans ses conciles. La règle d'or est, de toutes manières, de ne pas imposer à Jésus les schémas qui nous sont familiers, parce que simplement humains. Ce que nous donnent à entendre les évangiles nous interdit de réduire Jésus à un maître de haute moralité, un Socrate supérieur. On ne peut pas non plus lui appliquer simplement les schèmes religieux auxquels l'histoire des religions nous a habitués. Nous devons aussi éviter de lire dans les évangiles la théologie postérieure, et de placer Jésus dans le schéma de Dieu qui descend parmi les hommes. Jésus vient de Dieu, mais il est de part en part humain, une personne qui descend de ses ancêtres humains. Il est un fils d'Israël et il vient annoncer l'actualité du salut annoncé à Israël qu'attendaient les plus croyants de ce peuple. Inséré ainsi dans l'histoire de son peuple, Jésus partage avec eux ses convictions culturelles pour autant qu'elles ne contredisent pas le Règne de Dieu tel que, par la mission divine reçue, il doit l'annoncer. Comme les gens de sa culture, Jésus croit que les démons peuvent infester et posséder les hommes, causant des maladies du corps et de l'esprit. Il croit probablement que la fin des temps est proche. Il ne doute pas de l'historicité de la légende construite autour de l'ancêtre qu'on a appelé Abraham. Au début de sa mission il ne s'attend probablement pas à la mort qu'il subira.

Très humain, il diffère cependant des autres humains dans ses émotions. Il est d'une sérénité d'esprit qui impressionne et d'une force d'âme stupéfiante. Mais à l'approche du martyre il est pris par une horrible angoisse. Pendant qu'il souffre sur la croix, il est apparemment saisi par l'effrayant silence de Dieu ; les apôtres ont pensé qu'intérieurement il prie le psaume « Mon Dieu, pourquoi m'avez-vous abandonné ? » On sait cependant que pour lui, prier et dire à son Père la douleur de la solitude, c'est maintenir l'ultime confiance. Est-ce que Dieu serait Dieu s'il ne répondait pas divinement à cette confiance ? Le psaume que prie Jésus se termine sur cette parole de confiance. En lui prêtant cette prière, les évangélistes ont appliqué à Jésus ce qu'il leur avait enseigné et ce qu'ils avaient vu dans son comportement.

Si on retourne au Jésus historique, tel qu'après des décennies le dégagent les milliers de travaux sur ces textes, on conclut qu'il y a un mystère dans sa personnalité. Pour le rationalisme, il était une énigme qu'on pensait pouvoir clarifier rationnellement. Quand je conclus au mystère de la personnalité de Jésus, c'est parce que, tout en étant radicalement humain, il n'est de toute évidence pas simplement humain, pas plus que n'est simplement humain ce qu'il annonce. La résurrection vient clarifier le mystère ; mais non pas rationnellement, car il faut croire en Jésus, en sa personne et en ce qu'il annonce, pour être capable de consentir, dans la foi, à l'annonce de la résurrection.

L'expression « je crois en Dieu ; je crois en Jésus-Christ » est le cœur de la religion chrétienne. Cette expression « je crois », dans le sens d'un engagement personnel, est unique dans l'histoire des religions. Je pense qu'après mon exposé on comprend pourquoi. Il y a quelque chose de profondément faux dans les expressions modernes par lesquelles la neutralité laïque parle de la religion chrétienne comme d'une philosophie ou d'une conception chrétienne du monde.

Conclusion.

En guise de conclusion, j'aimerais brièvement rappeler le texte qui est probablement le texte chrétien le plus ancien dont nous disposions : l'hymne liturgique de la toute première Église du monde hellénistique, et que saint Paul cite dans l'épître à sa chère Église de Philippes (2, 6-11).

Les croyants connaissent sans doute ce texte dont le chant admirable fait partie de la liturgie de la semaine sainte. Je relève et commente brièvement les phrases que je désire mettre en lumière, sans pouvoir justifier ici mon interprétation.

Paul encourage ses très chers Philippiens à garder ou acquérir *en* eux envers Dieu et dans la communauté chrétienne, la disposition qui était celle de Jésus. Car, dit-il, Jésus qui était dans la forme *(morphè)* de Dieu ne s'est pas accroché avec orgueil à son titre de proximité exceptionnelle avec Dieu, comme si le salut lui était garanti ; c'est ce que Paul reproche aux juifs qui ont rejeté Jésus, comme d'ailleurs Paul lui-même l'avait fait en persécutant les chrétiens. C'est aussi la tentation que Satan fait miroiter devant Jésus dans le désert : puisque vous êtes l'envoyé de Dieu, jetez-vous en bas du temple, les anges vous porteront. Il ne faut donc pas lire dans l'hymne que cite Paul ce qu'une théologie métaphysique y a lu et ce qu'une spiritualité sentimentale aime répéter : que Jésus était Dieu et qu'il s'est humilié en prenant la pauvre nature humaine. Ce qu'affirme saint Paul, c'est que lui, Jésus de Nazareth, Christ ayant l'Esprit de Dieu pour annoncer Dieu, lui, ne s'est pas autodivinisé. Il s'est anéanti, vidé de toute préoccupation de lui-même et de toute certitude, et cela de la manière la plus absolue sur la croix. C'est pourquoi Dieu l'a divinisé. Dieu lui a, en effet, donné le nom qui est par excellence le nom de Dieu : celui de *Kurios*, Seigneur. Aussi, devant le ressuscité on s'agenouille comme on ne fait que devant Dieu, car maintenant, dans son humanité transfigurée, il est pleinement divin.

CHAPITRE X

PIÉTÉ DE LA FOI, PIÉTÉ DE L'AGNOSTICISME

Dans le chapitre précédent, j'ai exposé la conclusion que je tire des applications de la raison critique aux textes-sources de la religion chrétienne. La partie positive de ma conclusion réside dans ma conviction que les affrontements critiques nous ont aidés à déterminer avec une précision accrue l'originalité et la signification du message chrétien. Dans le chapitre présent, je voudrais poursuivre et élargir la conclusion positive et éclairer la foi par l'apport des nouvelles analyses anthropologiques. Bien mieux que de la philosophie métaphysique, on peut attendre de ces analyses qu'elles dénouent le conflit entre la modernité et la foi. La nouvelle anthropologie, en effet, est soucieuse d'élucider la subjectivité et la particularité de l'homme comme « être de langage et de parole ». Or, la foi chrétienne se présente précisément comme une greffe de parole divine sur l'homme.

Nature et condition humaine.

Après la critique des lectures métaphysiques des sources chrétiennes, le retour aux sources ne doit pas nous faire mépriser l'effort que la théologie a fait pour rendre intelligible la figure de Jésus-Christ. Si l'initiative de Dieu n'entre pas dans les schèmes de la raison philosophique, elle ne contredit pas non plus cette dernière. Au contraire, la révélation s'adresse aussi à la raison. La foi n'est pas rationnelle, mais elle n'est pas non plus l'expérience irrationnelle, affective, de l'homme touché par un certain sacré à l'horizon du monde. Le message de Jésus est humain dans son langage et humainement énoncé par lui. Tout en venant de Dieu, il s'adresse à des intelligences et à des cœurs humains. La raison à laquelle le message chrétien se destine ne peut donc pas ignorer les changements dans la conception de l'homme et les nouveaux concepts qu'on utilise pour le dire. On peut en attendre, en premier lieu, qu'ils donnent plus de densité réelle aux concepts fort métaphysiques de « nature » ou d'« essence » humaine, concepts qu'on a appliqués aussi à Jésus pour définir la réalité de son humanité. En reprenant ces termes à la philosophie grecque et en formulant avec eux la réalité de l'« incarnation », l'Église a pu sauvegarder la réalité double de Jésus homme-Dieu. En dépit de la tendance pratique à penser Jésus plus comme divin que comme humain, l'Église s'est résolument opposée aux discours qui le présentaient comme un Dieu dans un semblant de chair humaine. Toutefois, le concept formel de nature humaine ne dit pas ce qui est aussi essentiel à l'homme que d'être une « composition d'esprit et de corps » : son humanisation par la culture.

La définition formelle de la philosophie grecque est déjà importante. On le voit bien de nos jours où certains parlent des droits des animaux comme s'ils étaient des sujets de droits de la même manière que les personnes humaines. La définition « composition d'esprit et de corps » permettait de situer l'homme parmi les vivants tout en le différenciant de l'animal. En désignant ainsi la dualité humaine, on établissait clairement le cadre des références dans lequel il fallait comprendre tout ce qui est proprement humain : son intelligence, son affectivité et ses passions, sa volonté. Mais cette définition posait l'homme comme si chaque individu humain était naturellement et universellement un exemplaire d'une essence éternelle. Or, les recherches anthropologiques des derniers siècles ont montré combien tous les traits qui définissent la nature humaine (esprit, affectivité, liberté, conscience responsable) sont foncièrement formés et imprégnés par la culture dans laquelle le petit d'homme est reçu, et par laquelle il acquiert et déploie son humanité. Affirmer la nature humaine de Jésus comporte donc la reconnaissance du corps qui peut souffrir, et du sentiment qui peut être affecté par l'angoisse et par la joie, mais inclut aussi les contingences culturelles du Juif du temps de Jésus. L'esprit de Jésus a partagé les croyances de sa culture et son savoir était limité à celui d'un artisan localement formé. Il n'était pas microbiologiste, il ignorait le *big bang* et le concept scientifique d'inconscient lui était étranger. Tout cela est normal à qui pense l'idée d'homme avec l'esprit anthropologique contemporain. Il est donc également normal que Jésus ignorait le temps de sa mort et qu'il avait l'idée qu'avec l'annonce du Règne de Dieu, la fin de l'histoire de l'humanité et du cosmos était proche. Cela ne gêne que ceux qui ont été habitués à diviniser dans leurs représentations l'humanité de Jésus. Cela ne devrait pas faire problème pour le croyant, car rien n'y est contraire au fait essentiel que, par sa parole, Jésus a annoncé et actualisé le Règne de Dieu. Les sérieuses limitations que lui imposait sa condition humaine concrète n'empêchaient pas Jésus d'être le maître et le modèle de l'éthique des Béatitudes, éthique qui dépasse celle de la simple raison pratique même la plus spiritualisée. Les ignorances et les croyances culturellement déterminées ne devraient pas non plus faire obstacle à ce que Jésus ait eu la parfaite connaissance de sa mission divine, et de tout ce qui en faisait essentiellement partie, au fur et à mesure que s'accomplirait le parcours de sa vie.

Parole, relation interpersonnelle, foi.

Le terme même d'Évangile rappelle qu'il s'y agit de la parole vive que proclamait et qu'était Jésus. Le *Verbe* s'est fait chair ; non pas « le langage qui était au commencement », comme, dans son deuxième séminaire, J. Lacan pensait pouvoir traduire le Prologue de Jean. C'était de la part de Lacan un essai pour expliquer le terme « Verbe » comme désignant l'ensemble des signifiants linguistiques et pour pousser ainsi la parole de l'Évangile dans le cadre d'une théorie structuraliste. Le commentaire de Lacan est significatif. En proposant aux psychanalystes « le retour au Freud authentique », Lacan entreprenait en même temps de penser les concepts psychanalytiques avec les nouvelles sciences humaines, entre autres la linguistique structurale. Comme nombre de philosophes avant lui, il voulait réinterpréter rationnellement les idées de la religion biblique, chrétienne en particulier, et mettre leur « logique » ainsi dégagée au service de l'élucidation de la théorie analytique. Autre exemple : le concept biblique de la paternité divinc prend sa véritable signification selon Lacan, lorsqu'on l'interprète comme « la métaphore paternelle ». Par cette expression, Lacan désigne la fonction, structurante pour la personnalité, qu'accomplit le père réellement et/ou symboliquement présent dans le complexe d'Œdipe. En reprenant le « discours » chrétien ainsi réinterprété, Lacan procède de manière analogue à ce qu'Aristote avait fait avec les idées religieuses des mythes et avec les « philosophes théologiens ». Freud, pour sa part, avait mis en lumière le progrès de spiritualisation *(Vergeistlichung)* qu'avait représenté et effectué l'idée biblique de Dieu *Père* ; mais il avait essayé d'expliquer cette idée par l'insistance continue du sentiment de culpabilité inconsciente pour le « meurtre du père primitif ». De la même manière que Freud, Lacan tente une reprise rationaliste de la religion biblique plus radicale que celles qu'avaient accomplies les philosophes. Il essaye de repenser le contenu de la religion chrétienne avec ce qui lui semble remplacer la métaphysique : la théorie analytique repensée avec la linguistique structuraliste. De cette façon, il réduit, lui aussi, l'*événement* divin qu'affirme la foi à une *essence intemporelle*. La traduction de « Verbe » dans le Prologue johannique s'inscrit dans ce système d'interprétation. Pour une lecture de surface, le mot grec *logos* dans le Prologue peut avoir l'air d'étayer pareille reprise rationalisante. Tout ce contexte signale cependant que le mot *logos* n'a pas ici le sens philosophique de « structure rationnelle », mais celui de l'hébreu biblique « parole vive et créatrice ». C'est là une idée fondamentale dans la religion biblique, mais que les philosophies n'ont pas su placer dans leur système conceptuel. Sans doute est-ce parce que la *méta-physique* pensait le monde comme tel et ne s'attachait pas à élaborer la dimension du réel qui s'est révélée d'une importance majeure dans l'anthropologie philosophique : la structure et l'acte de l'intersubjectivité, autrement dit la relation interpersonnelle. Il est d'ailleurs notable que la religion chrétienne a formé l'univers culturel où cette philosophie du sujet s'est développée. De nos jours, la philosophie de l'intersubjectivité et de l'acte du langage nous aide à penser l'originalité de la religion chrétienne et à résister à l'hégémonie des pensées objectivantes, en particulier à la tendance à réduire la religion à un savoir théorique voilé.

L'homme est un être de raison parce qu'il est un être de langage. En tant qu'ayant le langage, l'homme est aussi capable d'actes de parole. Or, par sa nature même, l'acte de parole fonde l'intersubjectivité. La personne qui s'adresse à l'autre en disant « je », se pose comme ego, comme un soi-même, et elle affirme implicitement reconnaître l'autre comme un autre ego, comme étant, elle aussi, une personne. En adressant à l'autre l'allocation « tu » ou « vous », on le pose déjà comme un autre ego. Par le fait même qu'on lui parle personnellement, on invite l'autre à écouter et on crée déjà l'intersubjectivité. Celle-ci surgit par l'acte de parole. La parole peut ensuite fonder une intersubjectivité plus spécifiquement qualifiée par un lien substantiel comme celui du mariage, de la citoyenneté, de la paternité… Le lien qualifié créé par l'acte de parole entraîne des comportements qui lui sont spécifiques ; ceux-ci confirment le lien substantiel, mais c'est fondamentalement l'acte de parole qui l'a créé. La « reconnaissance de paternité » en fournit un exemple saisissant, car le père qui adopte et reconnaît l'enfant dont il est ou n'est pas le géniteur devient réellement le père de cet enfant. La paternité n'est en effet pas d'abord de l'ordre physiologique, mais de l'ordre que l'anthropologie contemporaine appelle « symbolique ». On reprend là l'ancien concept grec de symbole qui signifiait l'alliance conclue entre deux personnes ou deux groupes. Pour sceller un pacte, les Grecs avaient en effet la coutume de briser en deux un morceau de terre cuite et de garder chacun un des deux morceaux. Le fait de pouvoir réunir *(sum-ballein)* les deux morceaux séparés exprimait bien qu'on était deux personnes distinctes mais unies par un lien invisible, celui de la parole donnée qui crée le pacte. Pour désigner l'acte de parole qui crée ainsi une réalité nouvelle, l'alliance par exemple, la branche des sciences du langage appelée « la pragmatique » a introduit le vocable « parole performative ». Dans l'exemple donné, la parole « performative » de reconnaissance de la paternité fait qu'effectivement le lien de paternité est créé entre le père et l'enfant. Le lien d'une intersubjectivité spécifique ainsi constitué modifie si réellement l'une et l'autre des deux personnes, qu'aucune des deux ne peut plus faire comme si l'acte de parole n'avait pas eu lieu, sous peine de se transformer en personne qualifiée d'infidèle au lien constitué.

La raison moderne n'avait pas été attentive à la problématique de l'intersubjectivité et elle n'avait pas reconnu l'importance de la logique propre aux actes de parole. Elle avait identifié l'esprit avec la raison théorique de la philosophie et de la science. Or cette raison porte sur ce qui est, sur le donné de fait. Cela correspond tout à fait à la nature du *logos* de la raison. Celui-ci construit certes, en ce sens qu'il crée des ensembles théoriques, mais ce sont des constructions formelles avec lesquelles on peut élucider ce qui est. La raison ne crée pas une nouvelle réalité, sinon celle, technologique, qui utilise les données. La vérité de l'esprit théorique est déposée dans le monde, ai-je dit. Et nous avons vu que ceux qui lisent les évangiles dans cet esprit, filtrent dans les mots entendus ce qui peut avoir un sens pour l'homme et le monde tels qu'ils sont, mais qu'ils éliminent l'essentiel : l'événement de la création d'une nouvelle réalité, création faite par la parole de l'annonce et de la révélation divines.

Lorsque Jahvé a pris l'initiative de conclure une alliance avec le peuple qu'il s'est choisi, il l'a fait par un acte de parole. Cette parole révèle tout à la fois Jahvé comme Dieu personnel, pose l'homme en face de lui comme être personnel sollicité à acquiescer à l'alliance, et crée la nouvelle réalité divine-humaine que sera l'histoire de cette alliance. Quand, par un acte de parole, Dieu « donne le nom de Seigneur » (Philippiens 2, 9-11) à Jésus mort qu'il ressuscite, il crée la divinisation de l'humanité de Jésus.

On comprend pourquoi « je crois en... » est la particularité de la religion chrétienne. C'est un acte de parole énoncé en première personne, qui répond à Jésus-Christ qui annonce l'advenue du Règne de Dieu. La foi est un acte de foi qui fonde l'intersubjectivité entre Dieu et l'homme. Cette intersubjectivité est celle, qualifiée, de la relation de paternité-filiation entre Dieu et l'homme, autrement dit, de la transformation divine de l'homme par la parole créatrice du Père.

Parole de vérité.

Ce que nous venons de considérer nous invite à revenir encore une fois à la phrase de Husserl déjà citée et commentée. La philosophie grecque, dit Husserl, a introduit dans la culture européenne quelque chose de nouveau et qui continue d'insister comme dynamisme et exigence : l'esprit qui cherche la vérité pour la vérité. Descartes a confirmé cette finalité introduite dans l'esprit européen, en poussant la recherche de la vérité jusqu'à la pratique volontaire du doute, afin d'obtenir la certitude concernant ce qu'on croit savoir. Vérité devient certitude.

Dans la ligne de cette conception de la vérité, on a élaboré les principes et les critères que les disciplines scientifiques doivent respecter pour atteindre avec certitude la vérité et on enseigne cette méthodologie critique dans toute formation un peu poussée : en histoire, en sociologie et psychologie, en biochimie, etc. On apprend à distinguer, en théorie et dans la pratique, l'idée de la possibilité, de la supposition, de l'hypothèse justifiée et qu'il faut tester, de la probabilité, puis celle de la thèse affirmée comme certaine après vérification. Les chercheurs savent que l'apprentissage de la discipline scientifique est une longue et dure école. Bien sûr, l'analyse logique des différences de degré ou de qualité de vérité n'est pas entièrement nouvelle ; Platon distinguait déjà le savoir certain (l'*épistèmè* : qui est propre aux mathématiques) et la *doksa* : la connaissance vraisemblable, qui à bon droit peut être considérée comme vraie. C'est néanmoins une des gloires incontestables de la modernité d'avoir si fortement élaboré, dans toutes les disciplines, les principes pour atteindre la vérité ou pour s'en rapprocher.

Où peut-on situer la foi sur une échelle de vérité : possibilité, supposition, certitude ? La foi est-elle de la croyance ? Elle ne l'est certainement pas au sens habituel où la croyance est l'affirmation de quelque chose que l'on pense être seulement vraisemblable. Lorsque les gens disent : « je crois avec certitude que Dieu existe » ; ou bien : « je crois que Dieu existe, mais je doute » ; ou encore : « je ne crois pas que Dieu existe, mais on ne sait jamais » ; dans tous ces cas, ils utilisent le mot « croire » dans le sens de l'acceptation pour vrai, probable, douteux… de l'idée, d'abord théorique de Dieu. On perçoit tout de suite la différence de ces locutions d'avec ce que le croyant déclare en *confessant* : « Je crois *en* Dieu ». Le croyant parle un tout autre langage que celui des affirmations théoriques. Il pose un acte de parole dans lequel il s'engage envers Dieu, avec la confiance de foi en un Dieu qui s'est d'abord révélé et engagé envers lui. Nous sommes dans l'ordre de l'alliance, qui est l'ordre de l'amour et de la *confiance raisonnable*. La certitude et ses degrés caractérisent l'ordre du savoir théorique. Dans le rapport personnel, il y a aussi une vérité ; mais elle est d'une autre nature. Il faut d'abord faire confiance pour voir la vérité qu'on affirme, car, si on ne fait pas confiance, l'autre ne montre pas ce qu'il est.

Du côté de l'Église, on répète que la foi est difficile pour les gens de notre époque, parce qu'ils sont trop habitués au style et à la logique de la pensée propres aux domaines techniques. Je crois que ce qui est fondamentalement en question, c'est une mentalité plus générale formée par l'*a priori* de la rationalité moderne. Celui-ci comporte trois éléments : l'identification de la vérité avec la certitude ; la conception, formée par tout le savoir théorique, que le monde est un système fermé ; un scepticisme engendré par les informations diffusées sur les multiples croyances, représentations mythologiques et pratiques religieuses et magiques dans différentes cultures et à diverses époques. Ces trois facteurs vont ensemble et, comme ensemble, ils caractérisent précisément la modernité.

Toutefois, la raison moderne a également découvert la subjectivité, comme nous l'avons vu dans le chapitre VII. De cette manière, la philosophie a pris conscience avec acuité de la spécificité irréductible de la personne humaine. On connaît la formulation lapidaire de Kant : l'individu humain est un sujet et non pas un objet ; l'éthique de la raison pratique consiste à respecter l'homme comme un sujet et à ne pas le traiter comme un objet. Le sujet, l'ego, celui qui dit « je », n'appartient donc plus lui-même au monde fermé de la raison théorique. Ludwig Wittgenstein, ingénieur et philosophe du langage tout à fait original, a écrit cette phrase pertinente : l'ego est la limite du monde. On sent intuitivement ce que cela signifie : en disant « l'ego », on vise l'intériorité intime et la liberté de l'homme, qui n'appartiennent pas au monde objectif étalé devant nous et livré à l'exploration des chercheurs. L'ego est si radicalement au-delà des limites du monde, que si la personne ne dit pas ce qu'elle sent et pense personnellement, on ne peut rien en savoir. Et une personne ne dit vraiment ce qu'elle sent et pense qu'à Dieu ou à ceux en qui elle a confiance. C'est ce principe anthropologique que, sans le formuler comme tel, Freud a mis en pratique dans la thérapie psychanalytique. Alors que même des psychiatres comme Charcot regardaient et faisaient observer les malades lors des présentations, ainsi qu'agissent les médecins en rapport au corps malade, Freud les écoutait et créait les conditions techniques pour qu'ils *se* disent en confiance.

Ce principe anthropologique éclaire la foi. En premier lieu, Dieu n'étant ni le monde ni dans le monde, ne se fait connaître comme Dieu que lorsqu'il se déclare verbalement comme tel. C'est bien pour cela que la Bible n'est pas le *livre* de Dieu, mais est en premier lieu l'aide-mémoire pour le souvenir de la *parole* divine adressée aux prophètes, à commencer par Moïse. Dieu personnel et révélation : ces deux données vont ensemble. Bien entendu, la révélation n'est pas la communication d'une vérité quasi philosophique *sur* Dieu. Lorsque des incroyants demandent, « qu'est-ce que Dieu a réellement révélé ? », la réponse est fondamentalement celle-ci : « lui-même, *comme Dieu* ». Bien sûr, il faut expliquer cette réponse, entre autres avec les données anthropologiques que nous sommes en train de considérer. Il faut en outre la développer en montrant que cette révélation fonde l'alliance entre Dieu et l'homme et qu'elle institue donc ses signes symboliques et forme une communauté de croyants qui, tout à la fois, sont du monde et appartiennent à l'ordre divin nouveau. La réponse « lui-même, comme Dieu » déroute fortement les hommes de notre culture marquée par le savoir théorique, car ils s'attendent à une réponse qui donne d'abord des énoncés théoriques *sur* Dieu. Comme je l'ai dit, c'est aussi en raison du penchant théorique de notre culture que bien des contemporains, surtout ceux qui sont dans la recherche philosophique ou scientifique, sont mal à l'aise avec les évangiles ; car Jésus-Christ n'y fait pas un exposé théorique *sur* Dieu, pas plus que sur lui-même.

Le premier élément que la philosophie des actes de parole apporte donc à la compréhension de la foi chrétienne est celui-ci : Dieu est le Dieu personnel de l'acte de parole qui nous révèle Dieu comme Dieu. En montrant que la parole personnellement adressée à une autre personne est en principe déjà un don de soi fait en confiance, la pragmatique du langage nous fait également mieux comprendre que la foi est déjà une transformation de l'homme. En se déclarant, Dieu institue entre lui-même et l'homme le lien personnel qui est celui de la paternité et de la filiation. La foi en effet est un consentement qui engage l'existence dans un rapport personnel, comme il apparaît de la formulation, je crois *en* Dieu. La nouvelle intersubjectivité de la foi s'effectue dans le monde comme lieu du séjour humain, mais comme le dit Wittgenstein de l'ego, cette intersubjectivité religieuse est au-delà des limites du monde.

On peut comparer la parole de révélation et de foi avec la parole d'amour par laquelle un homme et une femme instituent le lien matrimonial entre eux. Le nouveau rapport, celui de l'amour sexuel institué, n'est plus de l'ordre public mais privé, dit-on à raison. De fait, il n'appartient ni à l'économie, ni à la biologie, ni à la physique, ni à l'épistémologie des sciences, mais aux personnalités singulières des deux personnes. Et pourtant ce rapport est institué dans le monde et il se trouve toujours un peu mêlé à ce qui est économique, biologique et politique.

Le terme « incarnation » a été créé au IIᵉ siècle par saint Irénée. En ce terme théologique, il condensait la foi chrétienne selon laquelle en l'homme Jésus de Nazareth le Verbe divin est devenu chair, c'est-à-dire un individu humain ayant un corps biologique et appartenant par sa filiation humaine à la culture judaïque. Unie avec le Verbe incarné, la foi de ceux qui croient en Jésus-Christ s'incarne aussi dans le monde, mais elle pose également au monde ses limites et elle s'affirme libre envers toute autorité humaine, aussi celle de la rationalité moderne. Le Verbe incarné défie la raison philosophique, car Jésus de Nazareth confirme ce qu'affirme la révélation monothéiste : qu'on ne peut pas voir Dieu, car Dieu n'est pas au sens propre du terme un phénomène, une donnée appartenant à la visibilité du monde. La philosophie peut faire la description et l'analyse phénoménologique de la religion, c'est-à-dire de ce que les hommes religieux donnent à observer ; mais on ne fait pas une phénoménologie de Dieu. Dieu se dit, fondamentalement par Jésus de Nazareth, celui qui est le Verbe. Certes, la personnalité de

Jésus qui a tant impressionné les penseurs et les artistes, fait apparaître dans l'histoire une trace presque divinement lumineuse. Pour ceux qui croient, elle s'éclaire *après coup* comme icône, comme visage visible du Dieu *invisible*.

Les nouvelles analyses anthropologiques nous font donc assister à un impressionnant renversement des conceptions. Kant enfermait la religion dans les limites de la simple raison. Les analyses de l'acte du langage et de la subjectivité ainsi que la considération attentive de la parole de révélation imposent à la raison ses limites et mettent résolument l'ego et la révélation divine en dehors des limites de la simple raison.

Piété de la foi.

Dans les premières pages de ce livre, j'ai souligné le fait que les religions polythéistes consistent essentiellement dans leurs pratiques rituelles. Ainsi, dans la religion de l'ancienne Grèce, vivre sa religion se faisait dans les sacrifices qu'on offrait, dans les petites parts qu'à table on mettait de côté pour les dieux, dans les idoles qu'on fabriquait et qu'on plaçait dans la maison et auxquelles on faisait des offrandes. Il s'agissait de reconnaître les dieux et de leur faire prendre part à la vie quotidienne, car ils appartiennent au monde de la nature et au monde humain dans lequel on est né comme dans une famille élargie. Selon la philosophie morale des vertus, la piété, la *pietas*, consiste dans la fidélité à ses devoirs envers les dieux comme envers ses parents. Cette fidélité s'exerce dans les pratiques coutumières, comme celles que je viens d'évoquer. Aussi peut-on caractériser les religions des pratiques rituelles comme religions de coutumes.

En associant les deux mots « piété » et « foi », on opère une transformation du mot « piété ». Dans la religion de la foi en Jésus-Christ, les pratiques et les expériences, les symboles et les représentations, la ferveur et les règles morales sont déterminés par ce qui donne son sens à tous ces éléments : l'engagement personnel de foi envers Dieu en Jésus-Christ.

Dans un petit écrit de 1908, Freud pensait clarifier en partie l'énigme psychologique de la religion en localisant l'essentiel de celle-ci dans le ritualisme. C'était peut-être juste pour le judaïsme qu'il avait connu à Freiberg, avant son séjour à Vienne ; ce ne l'est certainement pas du christianisme. Dans la religion chrétienne, en effet, il n'y a que deux rites essentiels sans lesquels il n'y a pas de religion chrétienne : d'abord le baptême qui est le rite de l'acte de foi et de l'initiation à la communauté des croyants ; ensuite l'eucharistie qui effectue l'ordre que Jésus a donné à ceux qui le suivent dans la foi : « faites ceci en mémoire de moi ». L'eucharistie est la remémoration croyante de Jésus, par laquelle il rend réelle sa présence transfigurée par la mort et la résurrection. Cette foi s'actualise aussi dans l'éthique de l'amour du prochain. Tout le reste est accessoire et représente seulement des formes dans lesquelles s'incarne la foi selon les milieux et les âges de la vie ou selon le cheminement personnel de chacun. Dans les camps de concentration, certains croyants ont célébré l'eucharistie avec une croûte de pain, dans la joie, mais dans le silence et le dénuement de ceux qui étaient des cadavres vivants. Ce qui n'est pas essentiel peut évidemment aider à vivre l'essentiel, dans la foi comme dans l'amitié et l'amour. Il est normal que la foi qui anime la vie humaine prend forme dans des œuvres artistiques et il est naturel que ces œuvres soutiennent la joie de la célébration. La foi vivace a toujours été en consonance avec le Dieu qui a créé les beautés du monde. La foi ne saurait être à part de notre sensibilité culturelle, et le corps-chair l'exprime librement ou rituellement dans toutes sortes de gestes comme le pèlerinage, la danse, l'attachement et le baiser.

Piété de l'agnosticisme.

En associant les deux mots « piété » et « agnosticisme », je transforme également le sens du mot « piété », en lui donnant un sens qui est marqué par la foi, car, selon moi, l'agnosticisme est un état intermédiaire entre l'ancienne religion et la foi chrétienne. Dans l'agnosticisme moderne, en effet, il y a une sorte de sens religieux sans religion et sans Dieu.

L'analyse de la foi comme acte de parole et d'engagement personnel envers le Dieu personnel a montré, je pense, qu'il y a une structure temporelle dans la foi. Pour l'observer clairement, il faut se mettre dans le mouvement qu'accomplissent les convertis. Le récit que m'a fait de sa conversion une Danoise illustre bien la temporalité de la démarche de foi. Cantatrice à l'opéra de Copenhague, elle avait beaucoup chanté les chorals de Jean-Sébastien Bach. À un certain moment, l'idée lui vint, en songeant aux textes qu'elle aimait chanter : « c'est beau, mais si c'était vrai, ce serait encore plus beau ». Après un long temps d'hésitation, de lectures et d'entretiens, elle s'est convertie et s'est fait baptiser. L'acte de foi comme processus implique le temps d'un intérêt pour ce qui est au-delà de l'ordre de la nécessité (les besoins), au-delà même de l'humanisme culturel ; il faut l'écoute, avec une attention interrogative soutenue, des paroles du message chrétien, jusqu'au moment où l'on entend en esprit ces paroles comme venant de Jésus-Christ personnellement présent et les prononçant de vive voix comme un acte de don. Enfin la foi acquiesce en surmontant les hésitations. Après coup, mais seulement après coup, se forme une sorte de certitude particulière et qui demeure même si elle est régulièrement troublée. Le croyant peut alors dire, en répétant la phrase de saint Paul : je sais en qui j'ai placé ma foi ; phrase lumineusement simple dans l'acte de foi, mais contradictoire pour le rationalisme assuré de lui-même.

L'agnosticisme est donc un moment intrinsèque dans le processus de la foi. C'est bien pourquoi la foi et le doute de foi ne sont pas deux pôles qui se contredisent comme noir et blanc, pur et impur. L'agnosticisme n'est pas l'athéisme convaincu et déclaré. Celui-ci est une position de philosophie militante qui, par principe, veut maintenir le monde comme système fermé. Cet athéisme recèle une idéologie qui veut en principe maîtriser intellectuellement toute la réalité. Cet athéisme est le frère jumeau et ennemi de l'intégrisme chrétien et du fondamentalisme musulman. On y retrouve une même sorte de haine de ce qui trouble la volonté de certitude. Il est, par exemple, significatif que Lénine haïssait passionnellement la religion. Son athéisme était une partie intégrante de son idéologie rationnellement dominatrice qui ne tolérait point qu'un ego pose sa limite au monde agencé. Que le parti communiste russe ait également interdit pendant des décennies des œuvres qui mettent en scène une histoire d'amour, montre bien que, dans cet athéisme, agissait la volonté d'étouffer tout ego qui pose ses limites au monde.

L'agnosticisme est fort répandu dans l'Occident contemporain, parce que la modernité qui rend impossible de croire aux dieux des polythéismes, n'est pas non plus en congruence naturelle avec le Dieu du message biblique. Les anthropologues qui apprécient les valeurs culturelles des anciennes religions, ne les pratiquent pas. Les phénoménologues qui en célèbrent les charmes ou qui y butinent ce qu'elles donnent à penser, les traitent comme des allégories séduisantes ou terrifiantes. La raison critique, élaborée par la philosophie et étayée par la culture scientifique, leur enlève en tout cas le fondement qui permet l'assentiment. Ayant ainsi dépassé ces croyances, souvent l'homme contemporain se tient encore à distance de la foi monothéiste. Il reste en garde contre le message d'un Dieu qui, tout en étant décidément au-delà des limites du monde, y ferait irruption par des médiations humaines. L'agnosticisme est indiscutablement une position caractéristique de la modernité ; *a-thée*, elle s'est déliée des dieux sans se relier au Dieu qui s'est révélé.

Le monde vécu de l'agnostique ne se contente pas de l'être. Il y a des ouvertures, des lignes de force que suit l'esprit et qui lui indiquent une sorte de transcendance sans nom. Il semble y en avoir surtout trois qui vont vers un point d'interrogation que l'agnosticisme laisse sans réponse. Il y a l'expérience esthétique, car le sentiment de la beauté touche à ce qui n'est plus du monde, ni du domaine de l'utile, ni de l'ordre du système rationnellement organisé. Il y a aussi l'étonnement pour l'énigme même de la rationalité du monde. Devant les énigmes du réel, en effet, les chercheurs scientifiques dignes de ce nom ressentent souvent, obscurément, le même respect traversé d'étonnement qu'éprouvait Einstein et qui lui fit dire : la chose la plus incompréhensible du monde est qu'il est compréhensible. Il y a, enfin, la dimension éthique dans l'amour, et inversement, de l'amour dans l'éthique. Aimer sincèrement une personne, c'est, entre autres, se soucier de son bonheur et de son avenir heureux, comme si la personne était destinée à une vie qui dépasse le temps fugitif des mortels. Soigner une personne par humanité et avec un profond respect, c'est également, dans l'affection, reconnaître un mystère qui réfère au-delà du monde.

Ces dispositions et expériences sont si apparentées à la foi qu'on les qualifie parfois d'attitudes religieuses. Elles justifient en fait l'expression « sens du sacré ». Je pense que ce sacré est la zone et le temps intermédiaires laissés par le retrait des religions anciennes et par une indécise référence au mot Dieu ; car dans notre culture marquée par le monothéisme, le mot Dieu fonctionne comme indice d'un mystère. Le temps intermédiaire de l'agnosticisme peut être celui d'une foi inchoative, ou celui d'un doute qui continue de demander trop de certitude anticipative aux messages venant d'au-delà du monde.

PENSÉES CONCLUSIVES

Un regard sur le chemin ici parcouru n'invite pas à la mélancolie, mais à la formulation de quelques pensées qui confortent la foi.

Un défi salutaire pour la pensée de la foi.

La modernité est plus et autre chose qu'une durée déterminée de temps sur le calendrier de l'histoire. Elle est un événement culturel, une métamorphose de l'humanité dans toutes les dimensions de l'esprit. Dans les différents champs que nous avons considérés, un même projet profond y sous-tend l'humanité occidentale : celui de se poser en maître de son destin sur terre. L'homme qui déploie ainsi son pouvoir a conscience d'accomplir avec confiance son autoconstitution d'homme. Par son empire intellectuel et actif sur le monde qui lui est donné, il se donne à lui-même ; autrement dit, il se pose dans son autonomie en actualisant les possibilités latentes en lui-même et dans son monde.

D'abord en nous déplaçant mentalement dans l'antique polythéisme, puis en prenant part en esprit au surgissement et au déploiement de la modernité, on saisit à neuf que le christianisme est, lui aussi et au sens prégnant du mot, un événement. L'histoire de ses convictions, de ses spéculations et interprétations, de ses symboles et pratiques sont en effet, pour qui n'escamote pas leur référence constitutive, l'accueil dans le monde humain de l'irruption du Dieu vivant. La stupéfiante affirmation théorique et pratique de son autonomie par l'homme moderne met vivement en profil la différence d'avec l'événement divin. Sans détruire le monde qu'Il a fondé lui-même, Dieu y introduit sa présence, transforme intérieurement, dans « son âme », l'homme qui s'ouvre à lui, et conduit le monde à l'achèvement glorieux auquel il est destiné, au-delà de l'inexorable finitude.

La confrontation entre le christianisme et la modernité a été progressivement plus sévère. L'affirmation de l'autonomie détache de plus en plus de domaines de l'insertion dans l'ordre religieux. La modernité intensifie ainsi la défense profondément et universellement humaine contre la présence du Dieu Autre, ressentie comme une intrusion et une mise en question. De leur côté, les porte-parole du christianisme voient éclater autour d'eux une culture chrétienne suffisamment unie en dépit de ses conflits et soubresauts. Pour eux la modernité ruine le règne de Dieu sur terre. Davantage, les diverses sciences ébranlent les manières de penser et les certitudes auxquelles la foi paraissait intrinsèquement liée.

En remémorant ce passé glorieux et désolant, des non-croyants inclinent aux mises en accusation des Églises ; les croyants, aux récriminations et aux auto-accusations. Ces critiques et révoltes affectives ne clarifient rien et elles manquent de vivifier le présent ; elles se complaisent seulement dans une position facilement assumée après coup.

Les nouvelles sciences humaines, celles qui ont précisément contribué à mieux expliciter l'essence du christianisme, nous aident à interpréter les erreurs du passé. À son tour cette interprétation, qui ni n'accuse ni n'absout personne, donne encore plus de consistance à l'idée que l'histoire de l'Église prolonge humainement l'Incarnation. Deux éléments me semblent avoir obscurci les rapports de l'Église au monde.

Le premier, qui à mon sens trouble la conscience que l'Église avait d'elle-même et de son rapport au monde, réside dans la théologie qui interprétait l'œuvre salvatrice de

Jésus-Christ comme la restauration de l'humanité affectée par le péché [1]. La rédemption du monde inclinait à concevoir la cité terrestre presque comme le modèle réduit de la future Jérusalem céleste. Le monde semblait avoir retrouvé son harmonie interne et sa paix avec Dieu. La cité médiévale était l'emblème de la vision chrétienne. Au centre, la cathédrale y accueillait le monde pour l'unir au Christ ressuscité qui, au-dessus de l'entrée, trônait sur son siège de juge de l'histoire. Le prince venait y recevoir de Dieu son pouvoir et sa mission. L'université, fondée par le pape, rassemblait le savoir du monde sous la magistrature de la science sacrée. Les sommes théologiques élaboraient conceptuellement l'articulation de l'univers du savoir. La cité, elle aussi, s'organisait autour du centre divin ; sur les corporations des travailleurs et sur les responsables civils régnaient les saints patrons, garants des libertés et de la prospérité. Le Royaume de Dieu de la fin des temps avait ainsi reçu anticipativement sa forme visible. Il n'était pas facile pour l'Église de se détacher de cette vision, pénétrée de l'omniprésent schème mental de l'histoire à deux temps, faite de péché et de restauration. Mais la modernité qui a fait éclater le monde chrétiennement unifié, a aussi formé la nouvelle catégorie de pensée, celle de l'historicité, qui a permis de penser autrement l'œuvre de Jésus : comme l'avènement de la nouveauté divine plutôt que comme la seule restauration d'une humanité prise par la puissance quasi mythique du péché.

Le second élément, qui a perturbé la compréhension ecclésiale de la modernité, consistait dans l'interprétation de l'incarnation du Verbe en Jésus de Nazareth. On se souviendra que l'on a vu comment la foi a eu tendance à projeter sur Jésus de Nazareth les qualités et les puissances effectivement divines qu'en fait Dieu lui a données après la

1. Pour tout cela je me permets de signaler au lecteur que je me suis longuement expliqué sur ces questions théologiques dans mon *« Tu aimeras le Seigneur ton Dieu ». Sur l'identité chrétienne*, Paris, Éd. du Cerf, 1997.

résurrection-exaltation. Dans sa conception du monde, la communauté ecclésiale du Moyen Âge prenait modèle sur le Christ ainsi compris, pour penser la présence et l'action visibles du Christ dans son Église. On a eu dès lors tendance à accorder aux successeurs de Pierre et des apôtres des pouvoirs proches de ceux de l'homme-Dieu. Il fallait donc, sous les coups critiques de la modernité, réviser tout à la fois la conception croyante de Jésus-Christ et celle du christianisme qui poursuit la présence de Jésus-Christ dans le monde.

Une Église voulue par Jésus-Christ ?

La meilleure connaissance du Jésus historique fait comprendre l'Église autrement qu'elle ne s'est longtemps pensée elle-même. Elle aussi, comme institution, change avec l'histoire, car en elle la vérité et la vie divine de Jésus et de l'Esprit prennent chair humaine. Elle est bien plus humaine qu'on ne l'a pensé pendant des siècles, tout comme en Jésus l'incarnation divine était bien plus impliquée dans la condition humaine qu'on ne l'avait pensé.

Il ne fait pas de doute que l'institution de l'Église n'est pas celle que Jésus a prévue et voulue ; mais ni non plus celle que Jésus n'aurait pas voulue. Jésus a confié la Nouvelle Alliance avec Dieu aux Douze qui représentent symboliquement les douze tribus du peuple de l'Ancienne Alliance. Jésus ne pouvait prévoir ni comment, ni à quel rythme, ni dans quels contextes politiques et économiques vivraient ceux qui seraient appelés et rassemblés dans la nouvelle alliance entre l'homme et Dieu. Il leur a promis et, exalté en plein pouvoir divin, il leur a donné l'Esprit de Dieu pour que celui-ci inspire, éclaire et oriente les successeurs des Douze et les croyants engagés. Proclamer que la véritable Église que Jésus aurait voulue serait une Église sans structures, est une fantasmagorie théologique naïve. Elle est de la même nature imaginaire que la théologie affirmant que l'Église catholique apostolique romaine et elle seule représente exactement l'institution dont Jésus aurait prévu et décidé d'avance l'établissement. Lorsque Jésus a confié sa communauté d'appelés aux Douze, symboliquement choisis, il a donné une structure élémentaire à son Église ; mais il ne pouvait que lui déléguer ainsi la tâche de s'organiser en inventant les structures plus complexes que la communauté estimerait appropriées à la conservation et à la communication de la foi.

Diverses sciences que la modernité a développées aident à comprendre et à juger plus adéquatement la réalité humaine de l'Église : la philosophie, la sociologie, la psychologie, l'anthropologie culturelle, l'histoire des religions, les études historico-critiques des textes scripturaires. Dans l'étude de l'Église telle qu'elle s'est instituée et s'est transformée au cours des temps, dans l'idée qu'elle se fait d'elle-même et de son passé, nous pouvons de nos jours mieux distinguer plusieurs angles d'approche. Une première distinction importante à faire est celle entre, d'une part, la faute morale-religieuse et, d'autre part, les erreurs et les contingences historiques inéluctables. Il est des fautes dont l'Église comme communauté croyante doit s'accuser devant Dieu et devant l'humanité, au même titre que le croyant individuel. On songe à des silences qui, vu l'implication des populations occidentales suffisamment christianisées, sont de véritables complicités avec les turpitudes de l'esclavagisme, avec des exploitations coloniales, avec l'immense oppression économico-sociale des classes ouvrières au XIXe siècle…

Les sciences humaines devraient cependant prémunir les croyants contre la tendance à mettre sur le compte du péché tous les manques, toutes les erreurs, toutes les étroitesses du passé. Le sens de la responsabilité devant Dieu ne confère pas à l'Église, communauté « incarnant » la foi dans une humanité en transformation, une lucidité surhumaine et une liberté affective d'un ange. Tout comme jadis le peuple élu, l'Église a tendance à surestimer ses possibilités et ses connaissances. C'est ce qu'en psychologie on appelle *idéalisation*. Pareille surestimation-idéalisation partout lisible dans les épopées nationales, dans l'héroïsation des personnages vénérés, a aussi, parfois naïvement, affecté l'Église au cours de son histoire. À cette tendance s'ajoute, dans l'Église, le penchant à penser et à présenter les autorités comme ayant presque part à la divine science prêtée à Jésus-Christ.

Une plus juste conception de la réalité humaine de l'Église permet ainsi de comprendre, sans idéaliser ni naïvement accuser, les conflits qui ont opposé la modernité à l'Église. La sociologie de Georg Simmel et de Max Weber nous a amplement montré que les conflits internes dans les sociétés constituent aussi les moments où la vie se renouvelle. La psychanalyse nous a appris que c'est à travers des conflits internes au psychisme en relation à autrui et au monde que la personnalité se constitue et s'humanise. Les conflits ne sont morbides que s'ils se répètent stérilement, absorbant ainsi le dynamisme de la vie psychique, sociale, intellectuelle ou religieuse. Or, il n'y a pas de conflit sans souffrance ; toute solution qui renouvelle la vie comporte des renoncements de part et d'autre des forces et des intérêts en opposition. Donc, si la vérité du christianisme était là au départ, l'Église devait aussi la conquérir. Le conflit autour de Galilée demeure à cet égard un cas paradigmatique. Mettre la condamnation de Galilée sur le compte du péché n'a pas beaucoup de sens pour celui qui mesure, d'une part, l'importance de l'interprétation séculaire des Écritures et, d'autre part, la nouveauté du principe de la connaissance par vérification instrumentale.

Appropriation et pratique de la foi.

En Jésus-Christ, Dieu se donne en se voilant. L'ouverture humaine à Dieu, pour sa part, est mi-fermeture ; cela en raison de la nature même de l'homme et de sa culture et de la volonté pécheresse, ces deux raisons étant inextricablement mêlées dans les situations concrètes. Dieu advient dans un horizon culturel qui n'est jamais simplement disponible pour Le reconnaître, mais qui est variablement indisponible ou accueillant.

En raison de sa signification profonde et de la radicale transformation de l'humanité qu'elle a opérée, la modernité a rendu difficile l'appropriation de la foi. L'attestent, d'une part, l'opposition inconsidérée et parfois trop suffisante que lui ont fait bien des autorités religieuses et bien des croyants et, d'autre part, l'hostilité également incompréhensive et parfois présomptueuse de bien des esprits éclairés envers le message chrétien. Dans les conditions de la modernité, l'appropriation de la foi comporte une transformation en profondeur de l'existence. Or, dans les communautés culturelles, de telles conversions sont des processus de longue durée, incomparablement plus lents à s'accomplir que l'invention et l'apprentissage d'une modification technique. Comme l'existence de l'individu est, elle aussi, pénétrée d'historicité et qu'elle a part à l'historicité culturelle et religieuse, en lui l'appropriation de la foi ne peut également se faire que par une « per-laboration » des questions et des résistances.

La foi.

La philosophie critique et les sciences ont rendu le monde vide des dieux qui ont paru l'habiter pendant des millénaires. Elles ont également rendu invisible le Dieu du monothéisme biblique. Que cela étonne l'homme, éventuellement le déçoive, se manifeste en deux attitudes apparentées mais opposées : d'une part, celle de certains croyants qui s'attachent passionnellement à des signes extraordinaires par lesquels Dieu se rendrait visible, d'autre part, celle des agnostiques qui estiment ne pas trouver dans le monde les signes attendus sur lesquels la foi pourrait s'appuyer. En rendant Dieu invisible, sinon pour les yeux de la foi éclairée par la raison, la modernité aide à reconnaître Dieu en vérité. Comme Dieu, Il ne pourrait se faire un phénomène perceptible dans le monde. C'est également ce que les sciences humaines appliquées aux témoins historiques de Jésus nous ont fait mieux saisir : pour reconnaître en lui le visage humain du Dieu invisible il faut l'écouter, le voir agir et croire en sa résurrection. La parole et l'action par lesquelles Dieu se fait présent et se donne ne changent pas les lois du monde. Le lien de foi avec Dieu s'accomplit dans le monde, tout en étant nouveau et différent du monde. On peut comparer cela à l'amour humain : la parole personnelle y produit la nouveauté du lien d'amour en se faisant chair dans la vie sexuelle.

Pour que l'appropriation de la foi ait lieu dans ce contexte nouveau, il faut donner du temps à l'écoute méditative du message chrétien ; à cette condition seulement pourra-t-il devenir substance affective, raison élargie, animation de l'existence personnelle. Tout notre parcours dans cet ouvrage mène à cette affirmation. Le présent déclin du christianisme donne à cette conclusion un caractère d'urgence. Quatre siècles de modernité ont lentement pétri et transformé les manières de penser, de sentir et de vivre... Il serait naïf de croire qu'on reviendra jamais à l'ancien type de vie chrétienne, ou qu'on créera rapidement un nouveau type à coup de déclarations impressionnantes. Ce qui me paraît le plus fondamental dans la crise religieuse, c'est qu'à de nombreux contemporains, la modernité fait apparaître le message chrétien comme révolu et la foi comme insignifiante. On n'ose pas toujours déclarer cela aussi brutalement dans les enquêtes ; car au fond de soi-même on se dit qu'« on ne sait jamais ». Laissons de côté les aigris et les cyniques. Chez ceux qui ont part à la modernité, les raisons du désintéressement se bousculent : Dieu n'est pas visible comme Il devrait l'être s'Il existe ; l'éthique chrétienne survit et se fait universelle dans l'éthique humaniste et dans la reconnaissance des droits de l'homme. On se passionne pour l'odyssée de la vie évolutive, pour les découvertes archéologiques d'anciennes civilisations, pour l'énigme fantastique du cerveau humain, pour les aventures des techniques de pointe et de leur industrialisation. Chez beaucoup, le sentiment d'insignifiance est tel qu'ils ignorent quasiment tout de la tradition biblique et chrétienne, même de ses symboles et de ses œuvres artistiques.

L'impression d'insignifiance se double d'une attitude de défense. Car écouter Dieu, ce n'est pas s'informer sur la religion chrétienne comme on laisse l'« Alchimiste » éblouir quelque temps l'imagination ; c'est prêter l'oreille de l'esprit et du cœur à celui qui appelle et sollicite la réponse personnelle. Répondre oui, c'est, sans rejeter le monde, lâcher prise, abandonner l'assurance d'être chez soi et maître de sa vie, laisser se dire par l'Autre le sens profond et la destinée ultime de l'existence ; en langage psychologique, c'est convertir en accueil de l'Autre la pulsion d'emprise qu'en toutes ses formes la modernité a exaltée. Notons-le bien, rien de l'humain que la modernité déploie n'y est méprisé. Bien au contraire, toutes les gloires humaines et terrestres s'y trouvent transies par une secrète et discrète présence divine qui y fait lire les paraboles d'une nouvelle terre et de nouveaux cieux.

Donner le temps et l'attention au message divin pour qu'il devienne substance intime, cela demande plus de silence et de lectures méditatives que de pratiques rituelles. On se demande si l'obligation de l'assistance à l'eucharistie dominicale, sans doute normale dans une culture religieuse, n'a pas appauvri l'éducation de la foi et n'a pas faussé l'idée que l'on se fait de l'être chrétien. Certes, la participation au rite a été par excellence dans toutes les religions l'école de l'initiation religieuse. Malheureusement, dans l'Église catholique, ce rite a été pendant des siècles un fossile religieux. Toutefois, dans la culture présente, ce n'est probablement pas dans le rite, même renouvelé et vivant, que les hommes découvriront progressivement et de manière personnelle Dieu et Jésus-Christ. Oublie-t-on le long chemin que les apôtres, Juifs pieux, ont dû faire avec Jésus en personne pour être suffisamment préparés à croire en lui comme Fils de Dieu exalté ? À tout prendre, s'il y a une obligation qui devrait faire partie de l'éthique chrétienne, c'est celle de ménager dans la vie des espaces de réflexion méditative chrétienne. De cette manière seulement le mot

« Dieu » devient signifiant, et la figure et les paroles de Jésus prennent vie.

L'activité du croyant.

Celui qui, à l'intérieur de la communauté, a trouvé personnellement le Dieu de Jésus-Christ, trouvera aussi sa voie personnelle pour pratiquer la foi dans les activités à l'intérieur du monde. Les exemples qui peuvent l'inspirer abondent dans l'histoire chrétienne. On y voit confirmé ce que les évangiles font entendre : que Jésus ne privilégiait aucune forme de vie, ni celle de monachisme, ni celle des « œuvres de la charité », ni celle du prêtre. Précisément parce que Dieu entre dans le monde comme l'Autre, la relation de la foi vécue peut s'incarner sans préférence en toute forme de vie, de la même manière que le pacte humain d'amour ne privilégie aucun style de vie publique. Les options sont personnelles, conditionnées par le contexte humain et par l'histoire et la disponibilité individuelles.

De nos jours, l'engagement de foi devra cependant faire les discernements que requièrent la modernité et la prise de conscience critique de certains de ses effets déshumanisants. La rationalité du monde est plurielle et, en tant qu'éclairée par la raison, l'action du croyant sur le monde, en économie, en éducation, en psychothérapie, dans la recherche, etc., ne diffère en rien de celle de l'incroyant. Comme toute personne soucieuse de l'éthique, le croyant veillera, lui aussi, à ce que, dans la pratique, la rationalité mise en œuvre dans une activité technique ne réduise pas l'homme à un organisme impersonnel. Inutile de discuter des principes éthiques des croyants et des non-croyants. En effet, bien des non-croyants professent les mêmes principes essentiels. Dans la culture occidentale, il n'y a plus de conception spécifiquement chrétienne ni de la société, ni de la politique, ni de la psychothérapie, ni de la justice. Personne ne peut contester l'immense contribution du christianisme à l'éthique humaine. Le croyant peut néanmoins aussi apprendre de l'histoire que, dans les faits, leur bonne conscience a plusieurs fois rendu des croyants aveugles sur des pratiques déshumanisantes dont ils se sont faits complices. La conscience chrétienne d'être responsable, devant Dieu, des autres hommes devrait aiguiser l'attention à la réalité dans laquelle on est impliqué. Le regard de la foi sur ce qu'est tout homme pour Dieu, peut normalement nourrir aussi une générosité qui va au-delà de ce que l'éthique juste demande. Mais l'accent porté sur la charité peut, en déplaçant l'attention vers les relations et les œuvres personnelles, toujours nécessaires et souvent admirables, faire négliger les occasions favorables à des initiatives éthiques et techniques dans l'ordre social, économique, urbanistique, médical... L'*agapè* doit vivifier le principe de la responsabilité éthique dans les affaires du monde ; elle ne la diminue et ne s'y substitue pas. Parfois on a l'impression qu'en portant l'accent bien plus sur la charité que sur les exigences de l'éthique humaine, des chrétiens se défendent contre la perte de l'identité chrétienne. La modernité la menace évidemment ; c'est bien pourquoi l'éthique de la foi comporte l'exigence d'un temps de présence aux paroles et aux signes par lesquels Dieu se fait présent.

La foi appropriée personnellement, dans le consentement à la réalité du monde, peut demeurer quasiment invisible aux autres, se manifestant seulement dans des signes discrets de vigilance et de confiance joyeuse. Elle peut aussi dégager un éclat qui, non recherché, s'y attache par surcroît. Elle peut se transmettre par un croyant qui s'engage avec ferveur dans l'œuvre de la communication missionnaire ou éducative de la foi, ou bien par une osmose imperceptible. Dans une culture qui défie la religion chrétienne, la foi ne se communique en tout cas que par le croyant qui a fait lui-même le chemin de sa lente appropriation personnelle.

Table des matières

DANS LA MÊME SÉRIE

Adolphe Gesché, *Dieu pour penser* :
I. *Le Mal*, 1993.
II. *L'Homme*, 1993.
III. *Dieu*, 1994.
IV. *Le Cosmos*, 1994.
V. *La Destinée*, 1995.

Robert Scholtus, *Le Monde commence à tout instant*, 1998.

Luigi Giussani, *La Conscience religieuse de l'homme moderne*, 1999.

Antoine Vergote, *Modernité et Christianisme*, 1999.

Ghislain Lafont, *La Sagesse et la Prophétie*, à paraître.

Cet ouvrage
a été achevé d'imprimer
sur Roto-Page
en mai 1999
par l'Imprimerie Floch
53100 – Mayenne.

Dépôt légal : mai 1999.
N° d'imprimeur : 46144.
N° d'éditeur : 11027.

Imprimé en France.